Johann Ritter von Perthaler

Neun Briefe über Verfassungsreformen in Österreich

Johann Ritter von Perthaler

Neun Briefe über Verfassungsreformen in Österreich

ISBN/EAN: 9783743606814

Hergestellt in Europa, USA, Kanada, Australien, Japan

Cover: Foto ©Suzi / pixelio.de

Weitere Bücher finden Sie auf **www.hansebooks.com**

NEUN BRIEFE

ÜBER

VERFASSUNGS-REFORMEN IN ÖSTERREICH.

Vom

Verfasser der „Palingenesis."

FRANZ WAGNER.

Vorwort.

„Love's labour's lost — meinen Sie? mag sein; vielleicht
„aber auch nicht. Wenn eine begründete Meinung sich des-
„halb nicht sollte vernehmen lassen, weil sie möglicherweise
„ungehört verhallt, so dürften nur eben gleich alle Wohlden-
„kenden die Hände in den Schooss legen und müssig zusehen,
„wie unsere Feinde an unserem Untergange emsig arbeiten.
„Vom Standpuncte des Dynastisch-Gesinnten, welcher Sie
„sind, wie eine jede Seite Ihrer Briefe beweist, die Ver-
„fassungsfrage mit Beachtung der Vergangenheit und der Zu-
„kunft, unter reiflicher Erwägung der wahren und wesenhaften
„Potenzen der Gegenwart zu erörtern, kann noch lange nicht
„zu den überflüssigen Dingen gezählt werden, denn bei weitem
„nicht Alle vermögen es über sich, Halbes und Unzulängliches
„von vornherein als langweilend-mühsam und doch gefährlich
„zurück zu weisen und ebenso den fruchtlosen Versuchen zu
„entsagen, das dem gemeinen Schicksale alles Irdischen Ver-
„fall'ne, entweder bereits in die Todtenkammer der Geschichte
„Gelegte oder derselben entgegen Welkende durch illusorische
„Künsteleien in scheinbarem Leben zu erhalten und zwar viel-
„fältig aus keinem andern Grunde, als weil sie das inzwischen
„aufgeschossene Leben nicht kennen, den festen Anhalts-
„puncten, welche es darbietet, nicht vertrauen wollen und

„irrthümlicherweise glauben, sie selbst müssten entweder die
„Trümmer der Vergangenheit zu stützen fortfahren oder mit
„ihnen untergehen, während sie doch nur das rettende Land,
„das sich vor ihren Blicken ausbreitet, zu erkennen brauchten,
„um es in Besitz zu nehmen und ein neues Leben hoffnungs-
„reich zu beginnen. Darauf kommt es an, die Brücke zu finden,
„welche aus der veraltenden in die neue Zeit führt, und den
„rechten Augenblick des Ueberganges nicht zu versäumen.
„Wer in seinen geschichtlichen Anschauungen von diesem
„Standpuncte ausgeht, der sucht vor allem das alte, noch
„lebenskräftige mit dem neuen in passender Weise zu ver-
„binden. — Wohl weiss ich, dass Vermittler-Stimmen zu
„allen Zeiten mehr Schwierigkeiten gehabt haben, sich Gehör
„zu verschaffen, als die Chorführer der Extremen. Allein, habent
„sua fata libelli. Also vorwärts!"

Diese freundlichen Worte, mit welchen ich von dem Adressaten meiner Briefe aufgefordert wurde, dieselben der Oeffentlichkeit zu übergeben, konnten nicht verfehlen, mich zu ernstlicher Erwägung zu stimmen.

Die Gegenwart ist eine Zeit nicht etwa blos politischer Skepsis, nein, eine Zeit der Zersetzung alles dessen, was bisher als Basis internationalen Nebeneinanderseins betrachtet wurde; sie ist die Zeit der Lüge ohne Umstände.

Nichts Verlässliches gibt es mehr, nichts, als — die eigene Kraft. Bist du stark, so hilft der Bundesgenosse, so wagt der eigennützige Freund mit dir zu sein; man respectirt die Rechtsprincipien die du vertrittst, man hält dir die alten Verträge und auch die neuesten; und wenn rings alles zusammenbricht, so wird man, ehe man zur Theilung der Erbschaften schreitet, nicht unterlassen dich zu fragen, ob du einverstanden bist. Der Codex der Gegenwart erschöpft sich in dem einzigen Satz: Kraft ist Recht.

Was ist also die Aufgabe für den, der inmitten dieser Verwilderung noch frei und ununterjocht leben will? Sammlung der Kraft.

Wie aber bringt man die grösstmögliche wahrhaft geeinte Kraft zu Stande? Durch die Armee allein? nein; durch ein enges Behörden-Netz dazu? nein. Durch strenges Herrschen? nein; durch Nachgiebigkeit? nein; durch einfaches Wiederherstellen desjenigen, was ehemals bestand? nein. Durch Nachahmung irgend eines Bestehenden? nein; durch rationalistische Gebilde? nein.

Wie denn? Nun freilich, auf diese Frage liegt in den folgenden Briefen eine Antwort; ob die richtige, ist zu beurtheilen nicht meine Sache; aber ich glaube es. Wenigstens habe ich darnach gestrebt, dass man nicht ohne Grund von diesen Studien sagen könne, was die oben citirten Freundesworte ihnen nachsichtsvoll zugestehen wollen. Dessen bin ich mir bewusst, dass jedes Wort eingegeben ist von der lebhaftesten Anhänglichkeit an das erhabene Kaiserhaus, an welches sich all mein politisches Sinnen und Trachten festgeklammert fühlt — eingegeben von dem Gedanken der ungeschmälerten Erhaltung Seines angestammten Besitzes — und von den besten Wünschen für das Heil des Gesammtvaterlandes, dessen schwer und spät errungene Einheit doch wohl die gleiche Sorge verdient, wie die bedingte Berechtigung der einzelnen Länder und Stämme.

Die Ueberzeugung der Nothwendigkeit umfassender Reformen scheint hinlänglich stark geworden zu sein, auch liegt für den Bau der Zukunft schon allerlei Material zubereitet vor: die neue Ordnung des Communalwesens, die im a. h. Handschreiben vom 19. April erwähnten Kreis- und Comitats-Congregationen, die Landesvertretungen, der verstärkte Reichsrath, das dem letzteren verliehene Steuerbewilligungsrecht — das sind lauter wesentliche Elemente. Allein Aeusserungen, die man in offiziellen und nicht offiziellen Kreisen hört, flössen dennoch die Besorgniss ein, dass das grosse Ganze der einzig möglichen Reform sich noch nicht zu einem klaren Gesammtbilde gestaltet hat.

In solchen Fällen ist das Reden, wenn man etwas Begründetes zu sagen hat, Pflicht. Kann auch meine Stimme ein anderes Anrecht auf Gehör, als dasjenige, welches in der Richtigkeit der Gründe und in der concreten Fasslichkeit der Entwicklung gefunden werden mag, nicht in Anspruch nehmen, so will ich immerhin vertrauen, dass man doch diese Erfordernisse in den folgenden Blättern nicht vermissen werde. In jedem Falle bleibt mir die innere Rechtfertigung: dixi et salvavi animam.

31. Juli 1860.

Der Verfasser.

I.

27. Jänner 1860.

Das Leid des Patrioten, welches aus dem inhaltreichen Schreiben spricht, worin Eure . . . mir Ihre Silvesternacht-Gedanken mittheilen, hat in meinem Innern ein lautes Echo gefunden. Es gibt keinen wahren Oesterreicher, in dessen Seele der Schmerz um die durch den unglücklichen Feldzug verlorne Lombardie nicht noch heute, als wäre es erst gestern geschehen, wie eine offene Wunde brennt. So brüten wir einerseits über den Erinnerungen, anderseits über den Betrachtungen der Gegenwart, erwägen die Lage und sinnen auf Mittel, wie man die Regierung in dem Entschlusse zu einer das Vertrauen der Nation gewinnenden inneren Politik bestärken, die Bevölkerung zu neuem Aufschwung in vereinter Kraft wecken und Europa's Misstrauen gegen Oesterreich bannen könnte, bannen indem es sein unbrauchbar gewordenes System verlässt.

Wie war es doch vor noch nicht langer Zeit ganz anders. Die letzten zwei Jahre des vorigen Decenniums waren unter wachsendem Vertrauen der Völker, die im Thronbesteigungs-Manifest die Grundsätze einer richtigen und hoffnungsreichen inneren Politik erkannten, glückverheissend. Mit Bewunderung sah das Ausland Oesterreich, von jugendlicher Kraft geschwellt, auferstehen, sah den Umschwung und berechnete die gewaltige Macht, zu welcher es unvermeidlich, wenn es auf der Bahn des Fortschreitens verharrte, sich entwickeln musste. Der Sonnenschein des Sieges umfloss das Haupt des Kaisers und Kriegsherrn; Oesterreich hatte sich stark gezeigt während der dunkelsten Gefahr und dem Starken, durch Selbstvertrauen aufgerichtet, zollte das Ausland, was es dem Starken immer zollt, — rücksichtsvolle Achtung. Im ersten Jahre der laufenden Decade änderte sich die Lage. Stadion's Geist war umnachtet, Schwarzenberg umgarnt und Schmerling hatte, die Peripetie, die nun kommen sollte, erkennend, seinen Rücktritt genommen. In Folge des, ohne Zweifel mit allerlei sachlichen Gründen unterstützten, Gutachtens der vor dem sachte und mit bureaucratischer Ueberlegenheit eindringenden Geiste der alten Schule zurückweichenden Räthe der Krone wurde der bei der Thronbesteigung des Kaisers proclamirte Regierungsgedanke, die glückliche That kühnen Jugendmuthes, bei Seite geschoben. Die Schilderung der nun folgenden Episode ist ein schmerzliches, aber auch überflüssiges Geschäft; es genügt, sie kurz als die des zurückgekehrten, in ganz Europa seit Decennien in Misscredit gekommenen Systems zu bezeichnen, welches in consequenter Entwickelung zu den Unglückstagen des abgelaufenen Jahres führte.

Dem Augustprogramm 1859 kommt das negative Verdienst zu, dass in ihm die Erkenntniss mit deutlichen und trockenen Worten ausgedrückt ist, der Zeitraum von 1851 bis 1859 sei eine Episode des Irrthums gewesen.

Sein positives Verdienst besteht darin, dass es Gemeinde-Reform, Selbstverwaltung, Landesvertretung verheisst.

Aber, fragt man sich, kann es hiebei sein Bewenden haben, kann ein freisinniges Gemeindewesen, kann die bestgeordnete Selbstverwaltung und Landesvertretung genügen? Muss nicht auch eine politische Institution entstehen, welche den Theilen des Ganzen innern Zusammenhalt zu geben bestimmt ist? Denn darüber kann man sich nicht täuschen, die Administration ist nur ein ganz äusserliches Band; die Erfahrung hat das hinlänglich gezeigt; die Autonomie aber fördert nicht den Zusammenhalt, sondern den Verselbstständigungstrieb. Dieser hat nun zweifelsohne innerhalb bestimmter

Gränzen volle Berechtigung; aber ein politisches Axiom sagt: wenn man die Glieder eines Körpers sich entwickeln lässt, denen es an einem innern gemeinsam-einheitlichen Lebensbande fehlt, so lösen sie sich nach einem Naturgesetz als selbständige Ganze ab. Die Landesvertretungsautonomie darf daher nicht ohne eine reichseinheitliche Institution bleiben, in welcher die einzelnen Glieder des politischen Körpers nach der alten und doch noch immer neuen Weisheit des Menenius sich als Glieder zu erkennen, als Glieder den Anforderungen des Ganzen unterzuordnen, als Glieder zu wirken sich gewöhnen sollen. Die Untersuchung dessen, was die Erhaltung des Ganzen erheischt, kann daher bei der Landesvertretung nicht stehen bleiben, sie ringt nach einem mächtigen, die einzelnen Theile verbindenden Abschlusse.

Und wenn es sich nun fragt, wie dieser Abschluss gefunden werden soll, drängt nicht jene gewonnene Einsicht, dass die Zeit, vom Jahre 1851 an, eine Episode des Irrthums war, zur natürlichen Folgerung, dass die gute Politik nicht umhin kann, an jene erste Periode glücklicher Regierung, und namentlich an deren Ausgangs- und Angelpunct, an das Thronbesteigungs-Manifest anzuknüpfen?

Es ist nur die Macht unwiderlegbarer politischer Logik, welche das Manifest vom Juli 1859 mit dem Thronbesteigungs-Manifest vom December 1848 verbindet und uns auf den Standpunct des letztern zurückleitet. Darin liegt die tiefere Bedeutung der inhaltsschweren kaiserlichen Worte aus Luxenburg. Es ist für Oesterreichs glückliche Fahrt durch die Klippen und Sandbänke der heute geltenden Politik Europa's von unermesslicher Wichtigkeit, dass sie klar erkannt werde, dass aus der klaren Erkenntniss heraus der neue politische Gedanke sich bilde, welcher von nun an zur Durchführung kommen soll, und dass dies ohne Zagen mit raschem und besonnenem Entschlusse, und vor allem ohne Schwanken geschehe. Wie schwer letzteres ist, welche Energie dazu gehört, welche Geisteshöhe und sittliche Kraft, wird der ermessen, welcher die Wucht des Körpers der österreichischen Monarchie ins Auge fasst und bedenkt, dass die eigenen Organe der Regierung, theils aus Widerwillen den breitgetretenen Pfad zu verlassen, von dem die untergeordneten Reihen auf ihrem niedrigen Standpuncte nicht einsehen, dass er ins Verderben führt, — theils aus Ungewohnheit des Neuen, theils aus unverschuldeter Unfähigkeit, noch langehin der Central-Gewalt tausendfältige Hindernisse bereiten werden. Das liegt in der Natur der Dinge und der Menschen, sie können nicht anders. Allein wie schwer es auch sein mag, mit dieser Energie muss sich die Regierung rüsten, diese Geisteshöhe muss sie erklimmen, diese sittliche Kraft muss sie bewähren, wenn sie das Schiff endlich wieder in gutes Fahrwasser bringen will; sie muss über die herkömmliche Schwerfälligkeit Herr werden, sie darf sich durch die vis inertiae einer mechanisch eingeübten Bureaucratie nicht ermüden lassen; wo immer sie in den täglichen Vorkommnissen der Politik und der Verwaltung an den unteren Organen einen Rückfall in das als verderblich erkannte und deshalb aufgegebene System bemerkt, ist es ihre Sache, mit mächtigem Ruck die Irrenden, oder Trägen oder Widerspänstigen in die neue Bahn zu reissen, gleich einem tüchtigen Reiter, der mit festem Knie auch ein schwer zu lenkendes Pferd seinem Willen unterthan macht.

Es gibt für den Politiker Oesterreichs keine andere heilbringende Parole, als das Manifest vom Juli 1859 und folglich das Thronbesteigungs-Manifest. Ohne sie ist auch nicht ein einziger Schritt vorwärts zu kommen; in ihnen liegt die politische Idee der neuen Aera, welche zu inauguriren durch den Gang der Weltgeschichte Kaiser Franz Joseph, nicht etwa aus Wahl, sondern durch höhere Fügung, von Gottes Gnaden bestimmt ist.

Auf die schwarzen Wetterwolken, die am Horizonte stehen und auf diesen einzig möglichen Standpunct hindrängen, will ich vor der Hand das Aug' nicht richten. Es ist beängstigend, die schweren Bedrängnisse, denen wir werden entgegen stehen müssen, sich allzu deutlich zu vergegenwärtigen, bevor man die Mittel untersucht und sich zurecht gelegt hat, mit denen man den Kampf gegen die losgelassenen Elemente erfolgreich zu bestehen hoffen kann. Aber das kann ich mir nicht versagen, schon an dieser Stelle den Gesichtspunct zu signalisiren, welcher wohl geeignet ist, für alle Zukunft zu ermuthigen, nachdem der Entschluss glücklich gefasst sein wird, nämlich: mit dem System, welches die glückliche That kühnen Jugendmuthes unseres Kaisers war, wird er über den Ruhestörer triumphiren, auf den mit steigendem Missbehagen die sorgenvollen Blicke des friedensbedürftigen Europa gerichtet sind; auf dem Boden dieses Systems ist der geborne angestammte und legitime Herrscher Oesterreichs stark, der Staatsstreich-Imperator schwach; auf dem Boden dieses Systems wird die Coalition gegen den übermüthigen Bedränger zu Stande kommen und dann -- ist der Tag der Vergeltung gewiss.

II.

6. Februar.

Nicht drei Minuten können ernste Männer bei einander sein, ohne dass ihr Gespräch auf den Zustand des Staats geräth. Ehe man sich dessen versieht, sind sie bei der ungarischen Agitation angelangt, und dann nur noch ein Schritt, und sie stehen vor dem Problem einer Gesammtverfassung des Reichs. Jeder besonnen denkende Politiker sieht es klar vor Augen, das gefährliche Experiment abgesonderter Organisation eines Fragmentes kann nur durch eine gross gedachte und durchgeführte Organisation des Ganzen paralysirt werden; der Reichsgedanke umwallt wie ein mächtiger Damm die particularen Gelüste. Das Interesse von mehr als 35 Millionen an einer Gesammtverfassung umstrickt mit bindender Kraft die Bemühungen exaltirter Magyaren, etwas apartes für sich zu schaffen. Sie könnten nur dadurch eine Bedeutung gewinnen, dass sie sich andere Völkerfragmente dienstbar machen; sie suchen nun allerdings mit nicht gewöhnlichem Geschick, mit Leidenschaft und Hast, die innerhalb der ungarischen Landesgränze lebenden anderen Völkerfragmente an sich zu ziehen und brauchen hiezu die Phrase der politischen Nationalität, obgleich dies längst ein todter Begriff ist, seit Ungarn aus der europäischen Staatenfamilie verschwunden und Theil eines grösseren Staates geworden ist. Es suchte zwar noch lange als Nation im politischen Sinne des Worts zu gelten, aber nur durch eine Fiction und gerade die Nachgiebigkeit, die man dieser Fiction angedeihen liess, hat sich dem Fortschritt Oesterreichs in Macht und Ansehen nachtheilig erwiesen. Der Lebende hat Recht, und dies ist der

Staat Oesterreich, in dessen politischer Nationalität die ethnographische der Magyaren einen Theil bildet. Mehr als eine Phrase dagegen ist es, dass sie die Fahne der alten Verfassung aufpflanzen. Mit diesem Zauber ziehen sie in ihre Kreise was nicht zu ihnen gehört, was nicht von ihrem Fleisch und Blut ist; denn in Ermanglung eines mächtigeren und bedeutsameren Mittelpunctes hat ihre Fahne doch wenigstens den Vorzug überhaupt ein Mittelpunct politischer Rechtsstellung zu sein. Wenn man aber sieht, wie dieser Zauber, der doch nicht weit genug wirken kann, um das Ganze zu durchdringen, dieses Ganze sprengt, so fragt man: wie ist er zu bannen? Nicht anders als dadurch, dass man im Mittelpuncte des Reichs an einem, jene niedrige Flaggenstange hoch überragenden Baume die Fahne der Reichsverfassung aufpflanzt. Jene dienstbaren Völkerfragmente, aus denen der magyarische Separatismus Saft und Kraft saugt, werden, naturnothwendig, der kleinen Flaggenstange den Rücken kehren und sich um das Reichsbanner schaaren; es ist gewiss, und keines Beweises bedürftig, dass dieses Kaiserbanner eine unvergleichbar mächtigere Wirkung über den gesammten Umkreis der Monarchie ausübt, denn es ist das legitime Banner, es ist das Banner des Kriegsherrn und des Heeres, es ist das Banner der durch vielhundertjähriges Zusammenleben verknüpften Interessen der einzelnen Völker, und in ihnen der einzelnen Menschen, es ist das Banner geeinter, organisirter Macht, es ist das Banner des welthistorischen Fortschritts, welchem gegenüber die zerrissene Fahne der alten ungarischen Constitution als ein Anachronismus und Rückschritt in die exclusive Magnaten- und Adelswirthschaft erscheint, die den Bürger und Bauer in die ehemalige Rechtlosigkeit zurückzuwerfen droht. Zur gleichen Selbständigkeit und Freiheit berufen, werden die dienstbaren Völkerfragmente in Ungarn die Fahne der Magyaren verlassen; der Abfall wird den Nerv ihres Unternehmens lähmen, wird sie auf ihre eigene kleine Schaar reduciren, wird ihre eigenen Reihen sogar zersetzen und lichten, und nach diesem letzten Versuch werden sie — bedenkend, dass nach einem Unmöglichen kein Vernünftiger streben kann — sich in das Unvermeidliche fügen und ihren gebührenden Theil am politischen Gut des Ganzen nehmen, in welchem leicht Raum für die Erhaltung ihrer ethnographisch-nationalen Eigenthümlichkeit beschafft werden kann. So weit sind alle einig. Das ist kein Problem, das ist eine offenkundige Wahrheit, welche von niemand, der nicht dem Zweck der Berückung schwacher Köpfe seine Zunge leiht, in Zweifel gezogen wird. Das Problem der Gesammtverfassung des Reichs liegt nicht in der Frage „ob," sondern in der Frage „wie."

Die Verfassung vom Jahr 1849 war unausführbar, aber nicht deshalb, weil sie überhaupt eine Reichsverfassung war, sondern weil sie so war wie sie war. Darum haben wohl diejenigen weit über das Ziel hinausgeschossen, welche riethen diesen Gedanken ganz aufzugeben; sie hätten rathen sollen das in Hast mangelhaft und voll grober Fehler Gemachte bei guter Weile und nach reifer Ueberlegung zu verbessern. Wenn im Jahr 1860 geschieht, was im Jahr 1851 hätte geschehen sollen, so ist dies zwar in der That spät, allein es ist das, wie mir scheint, Unvermeidliche, es ist ein Act, welcher die historische Continuität mit dem Thronbesteigungsmanifest herstellt. Das halten wir fest.

Die Aufgabe ist also im wesentlichen: die Mängel dieser Verfassung zu untersuchen; — wir reden hier nur von jenem Abschnitt, welcher vom Reichstag handelt.

Der erste grobe Fehler lag in der Art der Bildung des Oberhauses. In einem Staat, welcher althistorische, durch grossen Grundbesitz mächtige, durch Reichthum überhaupt unabhängige Geschlechter hat, und zwar in so grosser Anzahl, dass sie ein Oberhaus leicht füllen, und dass die Hälfte allein schon einen ansehnlichen Theil des gesammten Grundbesitzes vorstellt — in einem solchen Staat, der überdies dermal noch vorwiegend agricol ist, kann das Oberhaus unmöglich etwas anders sein als ein Haus der Grossen des Reichs. Man muss was schwer ist als Gewicht gelten lassen; man muss ihnen im Verfassungsgebäude einen bestimmten und ausgiebigen Raum gewähren. Ein solches Haus zu haben, wenn die erforderlichen Elemente vorhanden sind, ist nicht nur gerecht, sondern auch klug und wohlthätig. Mit einem Wort, wir brauchen ein Haus der Lords. Anstatt dessen ist das Oberhaus vom Jahr 1849 eine schlechte Nachbildung des nordamerikanischen Senats; Gewählte der Landtage, also Gewählte der zweiten Potenz, da die Landtage selbst aus Gewählten bestehen sollten. Das war offenbar gefehlt.

War aber die Meinung, in der man das Oberhaus gerade so gestalten wollte, ebenfalls so ganz gefehlt? Man wollte dem Reichstag einen föderativen Charakter geben, und das entsprach und entspricht der Sachlage; aber die Anwendung war falsch; falsch weil dieser föderative Charakter nur auf Kosten der Unterdrückung eines wesentlichen Factors der Staatsgesellschaft Platz finden sollte; falsch weil der föderative Charakter nur dem halben Reichstag zugekommen wäre; falsch weil dieser halbe föderative Reichstag aus der Wahl von Versammlungen hervorgehen sollte, welche in der Lage sind meritorische Beschlüsse zu fassen, somit die abgesendeten Oberhausmitglieder, wenn auch nicht formell, doch factisch an Instructionen zu binden.

Ein zweiter grober Fehler lag darin, dass der Reichstag und die Landtage gänzlich verschiedene Körper bilden sollten, wodurch nothwendiger Weise beide zu einander in eine schiefe Stellung hätten kommen müssen. Die Mitglieder des Reichstages würden die politisch höhere Stellung für sich gehabt haben, die Mitglieder der Landtage ohne Zweifel den separatistischen Instinct der einzelnen Kronländer. Hieraus hätte sich wahrscheinlich ein ebenso unfruchtbarer, als die Leidenschaften entflammender Kampf entsponnen.

Um diese Fehler zu beseitigen, musste man — es scheint das liegt auf flacher Hand — vorerst, wie schon oben bemerkt, ein wahres Haus der Grossen einsetzen, durch kaiserliche Verleihung der erblichen Reichsstandschaft im Oberhaus, an die hiezu geeigneten Familien; dann für's Unterhaus ein Wahlgesetz finden, in welchem die allgemeinen und die Landesinteressen, Corporationen u. dgl. volle Beachtung erlangen, und endlich drittens die Oberhaus- und Unterhausmitglieder jedes Landes insgesammt mit der Eigenschaft des Landtages bekleiden, in welcher Eigenschaft sie jedesmal nach dem Schluss des Reichstags, sobald sie nach Hause zurückkehren, zur ordnungsmässigen Erledigung der Landtagsangelegenheiten zu fungiren berufen sein sollen.

Was das Oberhaus anbelangt, war noch folgendes zu beachten: Man kann die Würde der Oberhausmitglieder, damit sie dem Ehrgeiz als ein grosses Ziel vorschwebe, welches dann die Gewähr des Zusammenhalts des Reichs in sich selber trägt, nicht hoch genug stellen. Es ist dies das einzige Mittel, um dem social und ökonomisch schwer ins Gewicht fallenden alten hohen Adel die Wiedergeburt in das höhere Dasein eines politischen Reichsadels zu ermöglichen, und dadurch zugleich die Auferstehung zu einer ehrenvollen Aufgabe aus geisttödtender Genusssucht. Wir würden glauben, dass die Mitglieder des Oberhauses (welcher Adelstitel ihnen auch zukommen möge) in dieser ihrer Eigenschaft Magnaten heissen sollten. Ist es eine falsche Rechnung, wenn man glaubt, dass im Hause der österreichischen Magnaten zu sitzen ein anstrebenswerthes Ziel für die Träger der althistorischen Namen aus den verschiedenen Kronländern wäre, dessen Anziehungskraft zu widerstehen schwer werden dürfte? Dass unter letzteren die Majoratsherren der grossen fürstlichen und gräflichen Familien, dann die Kirchenfürsten, wie die Erzbischöfe von Wien, Prag, Olmütz, Gran u. s. w., — jedoch nicht als geistlicher Stand, sondern in ihrer Eigenschaft als Magnaten, welche sie zweifelsohne sind — nicht fehlen dürften, versteht sich von selbst; dann aber auch weiter herab, so weit es dem Kaiser gefiele und die bewährte reichsständische Gesinnung der hohen Familien einen Anspruch auf die Erhebung zu dieser politischen Function verleihen würde. Endlich würden in das Oberhaus noch andere Staatswürdenträger zu dem Zwecke gehören, damit denselben sowohl in Civil- als auch in Militär-Angelegenheiten das Gewicht der tiefsten Einsicht nicht fehle. Was aber entschieden zu vermeiden wäre, das ist die Aufnahme von Bürgermeistern, Universitätsrepräsentanten u. dgl. in das Oberhaus. Es gibt das immer eine schlechte für alle Theile unbehagliche Mischung, denn der Standpunct gewählter also auf ein Mandat sich stützender Mitglieder und der Erblichen ist ein zu verschiedener, als dass hieraus nicht immer und immer wieder Missverständnisse entspringen müssten. Die Erfahrungen in Preussen sind, was diesen Punct betrifft, belehrend. Aber auch hohe Adelstitel für sich allein würden keinen Anspruch verleihen, weder für Einzelne noch für mehrere cumulativ. Was nicht Magnat ist, fällt in die Kategorie der Repräsentirten, wird nach den Bestimmungen des Wahlgesetzes beurtheilt und besitzt oder entbehrt, je nachdem ihm die entscheidenden Qualitäten fehlen oder nicht, das bezügliche active oder passive Wahlrecht.

Der wichtigste Punct ist aber die Identität der sämmtlichen Landtagsmitglieder mit dem Reichstage.

Jeder einzelne Landtag als ein Ganzes bildet zugleich einen Baustein zu der in Oesterreich nicht nur möglichen, sondern nothwendigen Reichsvertretung. So wie die vereinten Provinzen das Reich sind, so sind die vereinten Landtagsgenossen, an den Stufen des Throns versammelt, der Reichstag. Der Reichstag ist in seinen Elementen gegeben, wenn die Elemente der Landtage bestimmt sind; aber eben deswegen müssen die Landtage, mit Rücksicht auf den Umstand, dass sie in ihrer Gesammtheit die Vertretung des ganzen Reiches in sich schliessen sollen, gestaltet werden; so gestaltet, dass sie, in die Reichshauptstadt berufen, sich in zwei Theile, in ein

Haus der erblichen Magnaten des Reichs und in ein Haus der Gewählten absondernd, alle zusammen keines der beiden Häuser zu einem allzu grossen Umfang ausdehnen. Die Landtage dürfen daher nur verhältnissmässig kleine Versammlungen sein, was auch ihrer Doppelbestimmung entspricht, denn im eigenen Kronland haben sie nur einen der Linie der Landes-Gemeinde-Autonomie angehörigen Beruf, wozu grosse Körper sich weniger entsprechend zeigen; im Centralpunct des Reichs versammelt, sind sie Factoren des politischen Lebens, und müssen daher schon dem Zahlenverhältnisse nach bedeutsam sein, damit sie einen imponirenden Einfluss auf die einzelnen Länder, auch auf solche, welche zu widerstreben geneigt wären, ausüben können. Die Qualification der Mitglieder der Landtage muss mit Rücksicht auf den Umstand festgesetzt sein, dass sie einerseits auf den Ruf des Kaisers aus allen Ländern in Wien sich versammeln, den Reichstag abhalten, aber auch anderseits nach ihrer Rückkehr in positiver und aufs einzelne gerichteter Thätigkeit mit den Landesbedürfnissen und Gemeindeinteressen sich befassen, in concreter Weise sich nützlich machen können, und gerade dadurch Gelegenheit haben, sich einen Anspruch auf das Vertrauen der Wähler zu erwerben.

Der Reichstag wäre demnach ein vereinigter Landtag, und die Landtage wären ein in seine geographisch-politischen Theile auseinandergelegter Reichstag. Dadurch würden sich in denselben Personen die centripetalen und die centrifugalen Strebungen naturgemäss bedingen. Hiebei wäre auf eines noch grosses Gewicht zu legen: die erste Function müsste für alle und jedes einzelne Mitglied die reichstägliche und somit reichseinheitliche sein, damit sie nicht auf vorausgängigen Landtagen in die Gefahr gerathen, sich in eine einseitige Richtung zu vertiefen, sich durch Reden, Erklärungen oder gar Versprechungen vorgreiflich zu binden, gewissermassen im separatistischen Geiste blosszustellen, was, einmal geschehen, sie selbst beengen und auf falschem Weg unter dem Stoss der unerbittlichen Consequenz forttreiben könnte. In der Reichsversammlung soll dem Geiste dieser Männer eine auf das Ganze gerichtete Einsicht, eine vom Ganzen eingeflösste Stimmung, ein vom grossen Ganzen aufgedrücktes Gepräge gegeben werden. Wenn man die menschliche Natur in ihrer Kraft und in ihren Schwächen berechnet, so kann man nicht zweifeln, dass die Reichstagserfahrungen jedem Mitglied nicht nur eine richtigere Einsicht in das Verhältniss des Ganzen zum Theile sondern auch ein erhöhtes Selbstbewusstsein einflössen müssten, von welchem getragen sie gewappnet wären, gegen die zu Hause waltenden mehr oder weniger einseitigen und engprovinziellen Tendenzen.

III.

27. Februar.

Wie hartnäckig ein hingeworfener, ohne nähere Prüfung aufgenommener, durch einen täuschenden Schein plausibel gemachter, dann von Andern wiederholter Gedanke in den Köpfen haften kann, sehen wir wieder einmal recht deutlich an dem Gedanken der in Wien zusammenzurufenden Landesvertretungs-Ausschüsse. Auch der wohlunterrichtete, scharfdenkende, geistreich combinirende Verfasser des Aufsatzes „Oesterreichs äussere Machtstellung und seine innere Verfassungsfrage" nimmt ihn hin: „es ergebe sich gleichsam von selbst," sagt er, „der Grundsatz, dass das Wahlelement nur indirect durch Vermittlung der Provinzialstände in die Reichsversammlung hineingipfeln soll;" dann weiter: „man muss die Provinzialstände mit dem Reichstag so compact und unmittelbar als möglich verknüpfen, etwa dadurch, dass man vielleicht ein ganzes Drittel oder ein Viertel aller Provinzialständemitglieder als Beschickung des Reichstags nach Wahl der Landstände vorschlägt." Je mehr ich, die Trefflichkeit seiner sonstigen Ansichten erkennend, wünsche, dass seine Stimme verdiente Beachtung finde, um so mehr glaube ich die Gründe skizziren zu sollen, welche in diesem Punct gegen ihn streiten.

Zuerst frage ich: wo sind die Herde, an denen das Feuer des separatistischen Geistes genährt wird? In den Hauptstädten einzelner allerdings nur weniger Kronländer. Um die Wahl des Drittels vornehmen zu lassen, wird man die Landesvertretung auch dort zusammenrufen müssen. Sie erscheint aus den verschiedenen Theilen des Kronlandes, aus solchen, wo der Nationalitätsfanatismus nicht hingedrungen ist, so gut wie aus denen, wo er hell auflodert. Nun vergesse man nicht: es ist möglich das Zusammentreten einer Versammlung zu verhindern, allein eine zusammengetretene Versammlung zu hindern davon zu reden wovon sie will, sich gegenseitig oppositionell zu verständigen — das vermag keine menschliche Macht. Wie kindlich nehmen, einer solchen mit dem Stämpel der historischen Erfahrung aus allen Zeiten geprägten Wahrheit gegenüber, sich Worte aus, wie: „die Landstände können nur eine delegirte Gesetzgebungsbefugniss innerhalb der vom kaiserl. Reichstag gesteckten Gränzen üben;" oder „sie wären durch ihre Geltung für und im Reichstag mehr als entschädigt." Darauf kann man sich verlassen, sie werden sich daran nicht kehren, die erhitztesten am wenigsten — sie werden nicht blos von der Wahl oder was man ihnen sonst einräumen mag reden. Und was wird dann geschehen? Die sieben magern Kühe werden die sieben fetten auffressen; von den fanatischen werden die ruhigen überfahren werden. Wir verdächtigen niemand, wir klagen niemand an, wir nehmen die Menschen und Dinge eben wie sie sind. Wer je in einem Kronlande gelebt hat, in welchem ein solcher Gegensatz herrscht, der möge seine Erinnerung zu Hilfe rufen, und bezeugen wie selbst edle Naturen gegen den mit heftigem Andrang sie überstürzenden Strom sich nicht zu halten vermögen, so sehr sie auch kämpfen „den Riesenkampf der Pflicht." Dort am Herd „in Arbeit genommen" werden die Schwankenden, ja sogar solche die wir vielleicht mit unbedingtem Vertrauen zu den guten zählten, dem reichseinheitlichen Gedanken abwendig gemacht werden; die feindliche Partei wird gestärkt, während die reichsfreundliche geschwächt wird. So wird dort an der Verminderung der kaiserlichen Partei mit ungestümer Kraft gearbeitet werden, und das wird der separatistischen in dem wichtigsten Kronlande nur allzu gut gelingen.

Dann frage ich, ist es wahrscheinlich, dass in diesem oder

jenem Kronlande, zumal nach einer solchen vorausgängigen Wahlschlacht im Landesvertretungshause, die Majorität der Landesvertretung ihr Reichstagdrittel aus der Zahl derjenigen wählen werde, welche den allein zukunftberechtigten Gedanken der Reichseinheit, nach dem Wahlspruch des Monarchen: viribus unitis, als Leitstern ihrer Politik betrachten? Rechnen wir nicht mit Illusionen, und sagen wir aufrichtig Nein. Wohlan, dann schliesst man gerade aus der Reichsversammlung, wo sie am wenigsten fehlen sollten, die Stimmen der österreichisch fühlenden Minorität aus; man verurtheilt sie zum Zuhausebleiben, man macht sie mundtodt, während ihre (separatistisch-centrifugalen Trieben folgenden) Collegen am Reichstag recht unverschämt darauf pochen können, das ganze Land denke so wie sie (was eine Lüge ist), denn Eines Sinnes (was keine Lüge sein wird) sei ihr ganzes Drittel, welches man aus diesem Land in den Reichstag gerufen hat (was dann zweifelsohne ein politischer Fehler war).

Endlich frage ich: wo hat sich eine wählende Körperschaft, zumal eine selbstgewählte und daher schon gewissermassen sublimirte, nicht als den Herrn und Gebieter über die Gewählten gefühlt und gebärdet? So wird es der Landtag über sein ausgeschossenes Reichstagsdrittel. Nehmen wir nun an dass dieses, im Centrum des Reichs sitzend, einzeln oder im günstigsten Fall insgesammt, von der Macht der grossen staatsmännischen Wahrheit des kaiserlichen viribus unitis ergriffen, dem Zuge der centripetalen Kräfte zu folgen Miene machte — werden dann nicht die zurückgebliebenen zwei Drittel, von der centripetalen Strömung nicht so wie das Reichstagsdrittel berührt, sich viel weiser und patriotischer dünkend, es an keinem möglichen Druck auf letzteres fehlen lassen, und wie viele der Hebel es gibt, um solche Einflüsse zur Geltung zu bringen, braucht nicht gesagt zu werden. Es werden demnach die wählenden Landtage auch noch in die Ferne ihre nichts weniger als wohlthätige Wirkung senden, und die fördernde Macht des grossen im Reichstag thatsächlich lebenden Einheitsgedankens selbst noch im Schoosse desselben zu paralysiren streben.

Die schöne Vorstellung vom Hineingipfeln des Wahlelements in den Reichstag durch die Vermittlung der Provinzialstände — was ist sie bei genauer Analyse der concreten Erscheinung? Ein chemischer Process, durch welchen in gewissen Kronländern alle reichseinheitlichen Elemente geschickt hinausdestillirt werden, durch welchen der Provinzialantagonismus, um vom nationalen Fanatismus zu schweigen, in der concentrirtesten Form recht scharf und unvermischt zur Darstellung gebracht wird.

Wenn man das sieht — und man kann es doch wohl nicht übersehen — warum will man an diesem Destillirapparat festhalten? Kehren wir die Sache um, so haben wir das erwünschte entgegengesetzte Resultat. Sendet man die Reichstagsmitglieder jedes Kronlandes nach dem Schluss des Reichstags nach Hause, damit jedes Kronlandes Ober- und Unterhausmitglieder zusammen sich als Landtag mit Landesangelegenheiten befassen, so sitzt keiner in der Landesvertretung, auf den nicht schon der mächtige Reichsgedanke gewirkt hätte; die sonst Schwankenden sind in ihrer bessern Idee gestärkt worden; es ist wahrscheinlich, dass die reichseinheitliche Minorität selbst der widerstrebendsten Provinz zur Majorität sich entwickelt haben werde, und zwar um so gewisser als dann kein zu Hause gebliebenes doppeltes Drittel vorhanden ist, welches dem Reichstagsdrittel drohend entgegenharrt, um es mit Vorwürfen zu überschütten und zu terrorisiren.

Vielleicht hält man uns die Einwendung der Zahl entgegen. Genügen die Reichstagsmitglieder jedes Kronlandes zur Function als Landtag? Wir sagen unbedenklich ja. Denken wir uns ein Oberhaus von 300 Mitgliedern und ein Unterhaus von 500, so entfallen auch für ein kleines Kronland, wie z. B. Tirol über 20, für ein grösseres, wie z. B. Böhmen, über 80 Mitglieder; Zahlen, welche als genügend erscheinen, zumal wenn man in Erwägung zieht, dass die Landesvertretungen hauptsächlich zu den im Begriff des Selfgovernment liegenden Befugnissen berufen sind, und zu solchen praktischen Geschäften kleinere Versammlungen besser taugen als grosse.

IV.

29. März.

Die Idee des aus den nicht-erblichen Mitgliedern der Landtage bestehenden Unterhauses, verlangen Eure..., soll ich näher ausführen. Gerne entspreche ich dieser Aufforderung, allein ich muss daran die Bitte knüpfen, vorher einen Blick auf das beiliegende Manuscript „Palingenesis" werfen und namentlich die drei Abtheilungen über die „Selbstverwaltung der Gemeinde", die „Kreiscongregationen" und die „Landesvertretungen" lesen zu wollen. Die Verfassungs-Reformen stützen sich wesentlich auf die Verwaltungs-Reformen, und da Sie Ihre Aufmerksamkeit jenen zu schenken so gütig sind, so darf ich hoffen, dass Sie dieselbe auch auf diese letztern ausdehnen werden.

Es scheint mir ein vergebliches Bemühen, ein Unterhaus zu bauen, ohne es auf das Fundament der Gemeinde- und Kreisverwaltung zu stellen. Eine Organisation der Selbstverwaltung, wie ich sie in der oben erwähnten Denkschrift gezeichnet habe, wird sich in den Kronländern Oesterreichs immer als das erste Bedürfniss fühlbar machen. Sie befreit von dem tausendfachen bureaucratischen Einfluss, von dem zum grossen Theile das Unbehagen ausgeht, das sich über alle Kronländer verdüsternd gelagert hat. Das ist schon sehr viel. Sie legt die Sorge für das Wohl und Wehe bei den täglichen Belangen in die Hände der eigenen Insassen, die sich selbst, ihre eigenen Bedürfnisse und die Art und Weise, wie sie nach ihrem Gefühl, nach ihrem Herkommen, selbst nach ihrer Phantasie die befriedigendste Erfüllung finden, am besten kennen. Auch das ist nicht wenig. Sie gibt aber auch die einzig sichere Garantie der Achtung und Wahrung jeder Nationalität; eine Garantie, welche nicht durch gesetzliche Gebote und Verbote, nicht durch Control-Massregeln, nicht durch sorgfältige Auswahl unter den Beamten und Würdenträgern, — überhaupt durch gar nichts anderes ersetzt werden kann. Sie gewährt dadurch jeder Nationalität innerhalb des Gesammtstaates Oesterreich einen Zustand, welchen sie in gleich befriedigender Weise auswärts nirgends finden kann. Sie knüpft also die einzelnen Theile, welche als Selbstverwaltungsorganismen eine Art von politischen Corporationen bilden um ihres eigenen Vortheils willen an das grosse Ganze, welches sie umschliesst. Und das ist das Wichtigste. Beim grossen Ganzen finden sie Schutz und Schirm, und innerhalb dieses mächtigen Walles ist es ihnen anheimgestellt „nach ihrer eigenen Façon selig zu werden." Dadurch ist dem Recht des Mannigfaltigen und Verschiedenartigen Raum gewährt. Dem Einheitsprincipe dagegen muss die Repräsentanz der politischen Corporationen dienen. — Damit aber die Landesvertretungen und deren Zusammenfassung, die Reichsvertretung, mit diesem auf Selbstverwaltung basirten Zustande nicht in Widerspruch gerathen, müssen sie aus den Selbstverwaltungs-Organismen hervorgehen. Würde man für die Vertretungen eine andere Basis suchen, so müssten sich die administrativen und die politischen Potenzen nothwendig kreuzen, befehden, gegenseitig hindern und hemmen. Ob man die Bevölkerung behufs der Wahlen zu den Landesvertretungen und folglich zugleich ins Unterhaus nach der Kopfzahl theilen, ob man sie in Stände auseinander legen will, es ist gleich verderblich, unorganisch, ja unmöglich.

Ich habe nicht die Absicht, mich gegen das ständische Princip zu schlagen; dass die Vertheidiger desselben, deren Zahl übrigens mit jedem Tage mehr zusammenschwindet, sich für einen Schatten der Vergangenheit nutzlos abmühen, ist schon hundertmal bewiesen worden. Dieses Princip als Object der Untersuchungen des Historikers in allen Ehren, ist es für den Politiker, der es mit dem Bau der Zukunft zu thun hat, ein Anachronismus. Ebenso wenig will ich mir die Mühe geben, die Wahl nach der Kopfzahl, die unorganische Wahl und deren consequente letzte Entwicklungsform, den suffrage universel, zu bekämpfen; dieser letzte hat sich schon selbst und zugleich auch überhaupt das ihm zu Grunde liegende unorganische Princip gerichtet. Ich stütze mich einzig auf die Ueberzeugung, dass die autonome Gemeinde- und Kreisverwaltung die erste Forderung der Zeit, ein Postulat der politischen Entwicklung, und vor Allem für Oesterreich, dieses Europa im Kleinen, eine unabweisliche Nothwendigkeit ist, und dass die politische Vertretung in den Landes- und Reichsinstitutionen auf eine andere Basis, als auf diese nicht gestellt werden kann, wenn in den organischen Aufbau nicht eine, dem gesunden Leben widerwärtige Disharmonie gebracht werden soll.

Dies vorausgeschickt, werden wir die Elemente für die Vertretung in den autonomen Gemeinde- und Kreiscorporationen zu suchen haben, wobei noch eine Betrachtung anderer Art sich aufdrängt. Wesentlich massgebend scheint mir nämlich das Princip, dass die Erfüllung von Pflichten an den Staat als Grund und Bedingung der Rechte an ihn festgehalten werden soll, und zwar nicht etwa nur die Erfüllung der Steuerpflicht, sondern die persönliche Widmung in Kreisverwaltungs- und Communal-Aemtern, bei genossenschaftlichen Organen und dergleichen. Wer seine Steuer zahlt und damit seiner Staatsbürgerpflicht glaubt quitt geworden zu sein, der beweist damit, dass es ihm an Sinn für öffentliche Angelegenheiten und, was gewöhnlich die Folge davon ist, auch an Fähigkeit dazu fehlt. Er geniesst für seine Leistungen in Geld und Gut den öffentlichen Schutz und geht seiner Wege. Wenn Alle so denken und handeln, dann darf sich aber auch Niemand wundern, dass die Zahl der Beamten wächst, darf sich Niemand über Beamten-Herrschaft beklagen, denn gerade in diesem Falle muss ja eben alles durch Beamte geschehen. Ein lebenskräftiges und zukunftfähiges Unterhaus, ein Unterhaus, welches sich, je mehr es seinen Sinn auf das Praktische und Nützliche im Innern und auf mannhafte Vertheidigung gegen äussere Feinde richtet, um so mehr auch von, die Leidenschaften aufregenden Fragen ferne hält, — ein solches Unterhaus lässt sich auf dem Boden sich selbst verwaltender Gemeinden und Kreise nur durch Männer schaffen, welche mit ihrer persönlichen Kraft mitwirken. Nur wer in öffentlichen Dingen auf der Stufe der unteren Verwaltung mit-t h u t, kann in den öffentlichen Dingen der höchsten Ordnung mit-r a t h e n.

Hieraus entwickelt sich von selbst folgende Reihe von Wahlkörpern für das Unterhaus:

1. Jede Kreiscongregation sendet einen Abgeordneten ins Unterhaus, oder zwei, wenn geographische Ausdehnung, Bevölkerungszahl oder andere die Bedeutung erhöhende Verhältnisse dies begründen.

2. Die Gemeinde-Ausschüsse aller Gemeinden eines jeden Kreises senden ebenfalls einen Abgeordneten ins Unterhaus, oder zwei, wenn dies bei der Kreiscongregation der Fall ist.

3. Ausgeschieden von dieser für einen Kreis vereinigten Repräsentanz der Gemeinden und mit dem Rechte versehen, eigene selbständige Wahlkörper unmittelbar zu bilden, sind die Stadtgemeinden der Landeshauptstädte, welche ipso jure unmittelbare Städte sind, und jene anderen Stadtgemeinden, welchen die Unmittelbarkeit verliehen wird. Es versteht sich wohl von selbst, dass das grossstädtische Element als eine besondere Art communaler Corporation in dieser Abtheilung zu einer hinlänglichen Vertretung kommen soll, und dass demnach, wenn gleich Städte bis z. B. zu 20,000 Einwohnern nur Einen Abgeordneten zu wählen hätten, Städte mit einer grösseren Einwohnerzahl von zwei und gradatim mehreren Abgeordneten vertreten sein müssten.

4. Die Handels- und Gewerbekammern eines jeden Kronlandes, welchen das Wahlrecht zu einem oder mehreren Abgeordneten zu-

kommen sollte und zwar in Abstufungen, welche durch das Perzentual-Verhältniss geregelt wären, in welchem die industrielle Bevölkerung zur Gesammt-Bevölkerung steht.

Es liegt am Tage, dass die Wahlkörper zum Behufe der Repräsentanten-Wahl nicht erst gebildet zu werden brauchten, sondern bei allen vier Kategorien bereits von vornherein für die administrativen Zwecke bestehen, die Wahl selbst wäre der Natur der Sache nach indirect. Nur bezüglich der dritten Kategorie wäre sowohl wegen der leichten Ausführbarkeit, als auch aus anderen Gründen der Zweckmässigkeit directe Wahl zu bevorworten.

Ich weiss nicht, ob Sie mir beistimmen; mich aber will es bedünken, als ob die auf solche Art aus der Gesammtbevölkerung extrahirten Elemente geeignet wären, den Staatszweck zu fördern, und zwar sowohl auf den Landtagen, als auch in ihrer Zusammenfassung auf dem Reichstage. Im ungarischen Landtage z. B. sässen, nebst den diesem Kronlande angehörigen Magnaten, 43 Abgeordnete der Comitatscongregationen, 43 Abgeordnete der Gemeinden des Comitats, eine bestimmte Anzahl von Abgeordneten der unmittelbaren Städte und der Handels- und Gewerbekammern. Dieses Beispiel lässt aber auch erkennen, dass selbst die verschiedenen Stände als sociale Gruppen, welche sie immerhin sein mögen, ohne je mehr politische Corporationen bilden zu können, mit grosser Wahrscheinlichkeit im Land- und Reichstage hinlängliche Abtheilungen ihrer Genossen finden würden. Vor allem anderen aber gewiss und zuverlässig wären in diesen politischen Körpern die einsichtvollsten, im autonomen Verwaltungsleben erprobtesten, und weil sie dem Gemeinwesen ihre persönliche Kraft widmen, zugleich die wahrhaft und thatsächlich patriotischen Angehörigen jedes Kronlandes mit den Landes- und allgemeinen Interessen betraut.

V.

2. Mai.

Nach alle dem, was ich über die politische Organisation bereits gesagt habe, muss ich Ihre Erwartung, dass ich mich über das Verhältniss dieser Ideen zu der Schöpfung des verstärkten Reichsrathes werde aussprechen müssen, als vollkommen berechtigt anerkennen. Ich würde hievon auch schon in meinem letzten Briefe, indem damals das Patent vom 5. März bereits erschienen war, gesprochen haben, wenn ich nicht vorher noch die Ernennung der Reichsräthe hätte abwarten wollen; denn dieses Patent hat durch die gestern erfolgte Publication der Namen der Ernannten erst Körper und Physiognomie erhalten.

Ich entnehme aus dem verehrten letzten Schreiben, dass Eure ... mein letzthin übersendetes Manuscript im Ganzen und insbesondere auch das Kapitel über den Reichsrath der besonderen Aufmerksamkeit gewürdigt haben. Es kommt mir dieses heute zu Guten, denn die Bekanntheit mit dieser Abhandlung meiner Palingenesis, welche ich sonach als Voraussetzung annehmen darf, macht es mir möglich, mich in Vielem kürzer zu fassen, was sonst einer weiteren Auseinandersetzung bedurft hätte.

Ich betrachte den „verstärkten Reichsrath" als das Ei, aus welchem eine volle Reichsvertretung mit Ober- und Unterhaus, sobald sich die Ideen fertig gebildet haben werden, hervorgehen wird. Die Elemente dazu sind vorhanden:

1. Das Staatsministerium soll meiner Anschauung nach ein Theil und zwar der vornehmste, der active, der vom Kaiser mit der

Executiv-Gewalt für die einzelnen Zweige der Geschäfte betraute Theil des permanenten Reichsrathes sein.

2. Der permanente Reichsrath soll ausser den grossjährigen Prinzen des kaiserlichen Hauses und den Ministern noch drei Kategorien von Personen: das hohe Militär- und Civilbeamtenthum, dann die höchsten Spitzen der Gesellschaft, worunter auch einige hohe kirchliche Würdenträger in sich enthalten. Der so gestaltete permanente Reichsrath soll der Träger des festen Stammes der Grundsätze für die gesammte Politik sein, und ist als solcher zugleich der Kern des Oberhauses.

3. Das Oberhaus enthält, ausser diesem seinem Kern, als erbliche Mitglieder dieser höchsten Versammlung, die Häupter der durch ihre Geschichte ausgezeichneten, durch Reichthum unabhängig gestellten, durch ihr ungeschwächtes Ansehen mächtigen Familien.

4. Das Unterhaus soll sämmtliche aus der Wahl der Kreis-Congregationen, der versammelten Gemeinde-Ausschüsse jedes Kreises, der Handels- und Gewerbekammern jedes Kronlandes und endlich der mit dem Wahlrecht ausgestatteten (unmittelbaren) Städte hervorgegangenen Mitglieder aller Landes-Vertretungen in sich schliessen.

Alle diese Elemente sind im verstärkten Reichsrathe vorhanden, — unvollständig, gewissermassen nur andeutungsweise, unentwickelt — aber sie sind da. So Prinzen des Hauses, wenn gleich, nach dem Ausdruck des Patents vom 5. März zu schliessen, nicht alle grossjährigen. So die Minister, wenn gleich nur erst mit informativer Stimme. So finden wir ferner unter den lebenslänglichen und ständigen Reichsrathsmitgliedern hohes Militär- und Civilbeamtenthum, weltliche und kirchliche Spitzen der Gesellschaft. Und endlich unter den 38 Reichsräthen aus den Kronländern theils solche Familien-Häupter, welchen unzweifelhaft die Bestimmung zukommt, dereinst als Oberhaus-Mitglieder zu fungiren, theils solche, welche unfehlbar aus den Wahlen in ihren Kronländern als Unterhaus-Mitglieder hervorgehen werden.

Sie sehen, im Ei ist der ganze Körper vorgebildet, jedes einzelne Organ oder Glied oder wie Sie es nennen wollen, muss noch wachsen und gedeihen, aber wie gesagt, alles ist bereits da, was zu einem vollkommenen Reichstag gehört. Da jedoch diesem embryonischen Körper der offizielle Name: Reichsrath gegeben ist, so wird es passend sein, sich fortan dieses Namens, anstatt des Namens Reichstag oder vereinigter Landtag, auch für den entwickelten Körper zu bedienen, und unter der Bezeichnung „voller Reichsrath" hinfort die gesammte Reichsvertretung mit Ober- und Unterhaus zu verstehen.

Der volle Reichsrath ist — im Gegensatz zur administrativen Organisation — der politisch organisirte Staat.

Ich bin der Meinung, wir können nichts anderes wünschen, als dass diese Entwicklung des verstärkten Reichsrathes zum vollen Reichsrathe vor sich gehe, damit der zu ganzer Vollendung gelangte Körper seiner Aufgabe zu genügen vermöge. Die Aufgabe denke ich mir seinen vier verschiedenen aber doch organisch verbundenen Theilen durch die Natur der Sache in folgender Weise zugewiesen:

Das Staatsministerium ist der executive Arm des Monarchen und zusammen mit dem permanenten Reichsrath, welcher ein fester, bleibender, auf die Continuität der Principien haltender, und sich langsam regenerirender Körper, eine Art privy council im alten guten Sinne dieser Einrichtung, sein muss, der stets gegenwärtige Rath der Krone. Zuerst müssen die Minister mitberathen, ist aber Beschluss gefasst und derselbe vom Monarchen gut geheissen, dann haben sie die Ausführung, welche im Sinne und Geiste der Berathung sein wird, weil sie, an derselben Theil nehmend, den Sinn und Geist des Beschlusses kennen. Dies ist der erste Grund, warum die Minister Theil des permanenten Reichsrathes sein müssen; der zweite Grund ist der, dass nur dadurch, dass sie selbst Theil desselben sind, die sonst nach und nach unvermeidlich sich bildende antagonistische Stellung zwischen Ministerium und Reichsrath vermieden wird, eine Stellung, welche nichts anderes, als unfruchtbare, kostbare Zeit vergeudende, treffliche Kräfte durch Reibung abnutzende Kämpfe zur Folge hat.

Das Ministerium und der permanente Reichsrath genügen aber nicht zur Lösung dreier Gattungen von wichtigen Fragen. Deshalb umgeben sie sich mit den Magnaten des Reiches und stellen sich, im Oberhause mit diesen vereint, dem Unterhause zur Seite.

Was die Mitwirkung des so zusammengestellten vollen Reichsrathes bei der Gesetzgebung anbelangt, muss vorerst ein oft wiederholter Satz genauer geprüft werden, weil er sich als ein Hinderniss politischen Fortschrittes herausgestellt hat. Man sagt nämlich, dass diese Mitwirkung ohne Theilung der legislativen Gewalt nicht möglich sei. Retrograde Intriguanten haben es den Monarchen eingeredet, um ihnen diese Mitwirkung missliebig zu machen; Demagogen haben es ihrerseits wiederholt, um den unverständigen Massen zu schmeicheln. Diese erbitterten Antagonisten treffen sich hier, wie auch in andern Fällen auf derselben Fährte, und die Tendenz beider ist, den Riss zwischen Fürst und Volk zu bewerkstelligen oder zu vergrössern zum Unheil für beide. Die Wahrheit ist, dass jener Satz theoretisches Blendwerk ist.

Gesetzgeber ist einzig und allein derjenige, welcher dem gefundenen besten oder doch möglichst entsprechenden Text eines Gesetzes beifügt, ich will und befehle. Nur eine Theilung des Sanctions-Rechtes wäre eine wahre Theilung der Gesetzgebungs-Gewalt, nicht aber eine wie immer geartete Mitwirkung bei der Formulirung des Textes. Ob dieser von einem Minister allein, oder vom Staatsministerium oder von einem Staatsrath oder von einem verstärkten Reichsrath oder von einem vollen Reichsrath (Parlament, Reichstag, vereinigten Landtag) stilisirt, amendirt, oder reformirt wird, ob an dem, was doch jedenfalls nicht der Monarch selbst arbeitet, einer oder viele ihren Verstand bethätigen, ob dabei nur Acten-Menschen oder auch andere mitwirken, die den Contact der Gesetze mit dem Leben beobachten, ja selbst erfahren — diese verschiedenen Arten für die Zustandebringung des Gesetzes-Textes unterscheiden sich lediglich durch die grössere oder geringere Garantie für das Gelingen, oder durch das grössere oder geringere Vertrauen in die Sache, weil nun einmal die Menschen so sind, dasjenige mit Vertrauen und Beifall hinzunehmen, woran Männer gearbeitet haben, von welchen sie voraussetzen, dass sie mit Kenntniss und Beachtung ihrer Bedürfnisse sich dabei betheiligt haben. Also liegt in der Mitwirkung des vollen Reichsrathes bei der Gesetzgebung keine Theilung der monarchischen Gesetzgebungsgewalt selbst dann nicht, wenn man annimmt, dass ein Gesetz vom Monarchen nicht erlassen wird oder nicht erlassen werden darf, ohne dass es seinen Weg durch das Parlament gemacht hat. Im Gegentheile, durch diese Mitwirkung werden alle spontanen Kräfte, welche im Reichsrathe mitwirken, zur eigenen Kraft des Monarchen, und alles gute, was irgend einer der vielleicht diesem Gegenstande nicht blos viele Stunden, sondern vielleicht ein ganzes Leben voll der Mühe gewidmet hat, darüber gedacht, gesprochen und in den Gesetzentwurf hinein gelegt oder was er nach solcher Vorbereitung und Widmung gegen ihn gesprochen hat, — durch den Act der Sanction oder der Verwerfung des Antrages wird es vom Monarchen sich ganz so angeeignet, als ob er es erdacht, als ob er ein Leben voll der Mühe an diesen Gegenstand gewendet hätte. Der günstige Erfolg ist ganz sein, und das Misslingen — trifft ihn nicht; denn wenn er vom vollen Reichsrathe die Mitwirkung in Anspruch genommen hat, dann hat er alles gethan, was möglich ist, um die reifste Anschauung über das Gesetz und dessen Fassung zu gewinnen, und der Reichsrath ist es, der die Verantwortung auf seine Schultern nehmen muss. Dies zu leisten vermag kein Ministerium, kein permanenter Reichsrath, denn beide sind ernannt und immer bleibt noch der Vorwurf der unterlassenen Zuhilfnahme jenes Körpers, welchem, weil er aus Allen stammt, von Allen ein grösseres Vertrauen zugewendet wird; ein Vorwurf, welcher von der Person des Monarchen zurückgehalten werden muss.

Das zweite wichtige Geschäft, wozu des vollen Reichsrathes Mitwirkung gehört, ist das Geschäft der Finanzen. Und hier allein ist es, wo eine wirkliche Theilung der Gewalt nothwendig ist. Wenn der Monarch auf den Reichsrath sich will stützen können, so muss er ihm das Steuerbewilligungsrecht gewähren. Das ist eine wirkliche Theilung der Gewalt, allein derjenigen, auf welcher die meiste Ungunst lastet. Solche zu theilen, dazu kann man sich wohl unschwer entschliessen.*)

Für die alten Steuern reducirt sich dieses Recht zwar in der Wesenheit und praktisch genommen auf die Prüfung des Budgets und der Rechnungsabschlüsse; allein bezüglich der neuen Steuern ist es ein wahres Recht der Bewilligung; der Reichsrath wird dadurch, dass er die Hälfte des Willens, der zum Gesetz gehört, zu geben hat, zum wirklichen Factor der Staatsgewalt. Allein es ist unausweichlich aus zwei Gründen:

weil nur dadurch die Garantie der wirklichen unbeanständeten Aufbringung gegeben ist, und

weil in keiner Zeit weniger als in der gegenwärtigen das Königthum im Stande war, das Odium der Steuergesetzgebung auf sich zu nehmen.

Rathlos stehen gewöhnlich in schwierigen Zeitläufen Staatsministerium und Staatsrath vor der finanziellen Aufgabe, und können

---

*) Mittlerweile ist das Steuerbewilligungsrecht wirklich dem verstärkten Reichsrath übertragen worden.

schliesslich nichts besseres thun, als die Einberufung jenes Körpers beantragen, welchem, weil er aus Allen stammt, von Allen das grösstdenkbare Vertrauen zugewendet wird.

Das dritte weitumfassende Geschäft, welches ohne einen vollen Reichsrath nicht vollbracht werden kann, ist das der Control der executiven Organe des Monarchen. Ihm liegt daran, dass den Gesetzen auch die getreue und richtige Ausführung zu Theil werde. All seine Sorge, all sein Wohlwollen, all seine wahrhafte monarchische Unterthanenliebe ist fruchtlos, wenn die Minister und deren über das ganze Reich verbreitete Organe aus Missverstand, Trägheit oder üblem Willen das Gesetz des Monarchen nicht zur lebendigen Wahrheit werden lassen.

Um aber die Ausführung zu controliren, bedürfte es der Allgegenwart, die den Sterblichen versagt ist. Sie zu ersetzen gibt es kein Mittel, keines, als eine aus dem ganzen Reiche im Centrum sich versammelnde Repräsentanz. Der büreaucratische Staat glaubt diesen Zweck mit hundertfältigen Ausweisen zu erreichen. Ein ebenso kostspieliges als fruchtloses, Papier vergeudendes, geistloses so wie geisttödtendes Auskunftsmittel. Eine Repräsentanz dagegen wirkt in doppelter Richtung. Die ganze Hierarchie der Executiv-Organe hütet sich zehnfach sorgfältig, zu einer Interpellation im offenen Reichsrath Anlass zu geben, wenn sie weiss, dass ihre Schritte und Handlungen von tausend Argus-Augen bewacht werden: sie wirkt Ausschreitungen oder Mängel in der Ausführung der Gese'ze hindernd. Und in denjenigen Fällen, in welchen solche nichts destoweniger stattgefunden haben, vermag sie es allein, die Thatsache, die sonst leicht im Wust schriftlicher Berichte sich verkriecht oder durch amtliche Schönfärberei weggeputzt wird, ans Licht zu ziehen und die Verantwortlichkeit zur Wahrheit zu machen. Sie wirkt also, wo sie nicht zu verhindern vermochte, dahin, dass der Nichtvollzug des Willens des Monarchen geahndet werden kann.

Vielleicht drängt sich Ihnen der Gedanke nahe, dass zu diesen drei wichtigen Aufgaben wohl auch der mit den acht und dreissig Kronlands-Mitgliedern verstärkte Reichrath genügen möchte, und dass man dann doch ohne vollen Reichsrath, also ohne parlamentarischen Apparat wegkäme. Ich kann nicht umhin daran zu zweifeln. Was sie auch Heilsames wirken mögen, zur Control fehlt ihnen die Allgegenwart, zur legislativen Mitwirkung jene Fülle von Talent und Kenntnissen welche nur in grossen Versammlungen zu finden sind, vor allem aber — zur Lösung der Finanzfrage das imponirende Ansehen.

Ein solcher Landesvertretungs-Extract kann am allerwenigsten in Oesterreich genügen. Viel eher lässt sich der Inhalt irgend einer ganzen Provinz auf 1, 2 bis 6 Stimmen zusammenfassen in Staaten, in welchen die Elemente homogen sind; in Oesterreich ist die Concentration, wie sie schon in den Provinzialvertretungen liegt, die grösstmögliche; aus ihr einen weiteren Ausschuss zu ziehen, heisst schon des Landes Meinung verflüchtigen, und so wie der suffrage universel nach der entgegengesetzten Richtung hin eine Lüge ist, eben so wenig kann eine solche Landes-Repräsentation im doppelten Auszug eine Wahrheit genannt werden; sie ist kaum mehr der Schatten der Wahrheit und Wirklichkeit, und hat daher auch nicht Körper, und weil nicht Körper, auch nicht die Kraft verlässlich und erfolgreich zu stützen.

Uebrigens kann ich mich hier auf alles dasjenige berufen, was ich im dritten Briefe gesagt habe und bemerke nur noch folgendes: Bei der Herstellung des Landesvertretungs-Extractes durch Wahl der Landtage geht man von dem Grundsatze aus, dass in jenem die Majorität des Landtages ihren adäquaten Ausdruck finde. Angenommen, aber nicht zugegeben, dass es so sei, so ist es gerade für Oesterreichs Monarchen von Wichtigkeit auch die Minoritäten zu hören, denn nur so kann er der Hort der Nationen und der einzelnen Kronländer unter einander sein, nur so vermag er wahr haft die Einheit der Monarchie vor den Ausbrüchen der Trennungsgelüste zu wahren; nur so kann er die dauernden Interessen gegen die Leidenschaft in Schutz nehmen. Wer die Nothwendigkeit der Vereinigung aller Gewalt im Monarchen vertheidigt, muss folgerichtig auch den Grundsatz des Landesvertretungs-Extractes verwerfen, denn in ihm sind 21 Minoritäten erstickt und mundtodt gemacht, — 21 Minoritäten. welche möglicher Weise in der reichseinheitlichen Versammlung durch das Gewicht ihrer Meinung die Majorität werden konnten; darüber kann man sich nicht täuschen, gerade die reichtseinheitlichen Fractionen werden in manchen Landtagen Mühe haben, Stand zu halten; aber in der Central-Versammlung werden sie Kraft gewinnen, wie der lybische König in der Fabel, welcher durch die Berührung der Mutter Erde immer wieder neue Kraft gewann.

Was ihnen fehlt, werden die acht und dreissig ohne Zweifel selbst am deutlichsten fühlen und wohl auch, dass sie es fühlen, unumwunden aussprechen. Nur der volle Reichsrath, der politisch organisirte Staat vermag alle sonst unfassbaren Kräfte geordnet dem Monarchen zur Verfügung zu stellen; während das Unterhaus hinunter greift in die Communal- und Kreisverwaltung und aus der Tiefe, so wie aus der Peripherie alle spontane Kraft zur Mithilfe am grossen Werke emporleitet, steigt in den Ministern und hohen Würdenträgern, verstärkt durch die erblichen Lords die im Centrum gesammelte Kraft herab in die Arena und der geistige Wettkampf, welcher nun in beiden Häusern gekämpft wird, ist nur ein patriotischer Geisterkampf, um jenes Resultat zu produciren, welches als der Auszug alles Guten und Praktischen dem Monarchen fertig und zur Anwendung reif vor Augen gelegt werden kann.

Deshalb ist noch stets, sobald die Verhältnisse irgendwo schwierig geworden sind, an das Schaffen einer solchen politischen Organisation als eine Nothwendigkeit gedacht worden, welcher man sich auf langehin nicht entziehen kann, weil die Natur der Dinge sie ganz so dringend fordert, wie der dürre Boden des Regens bedarf.

Ich fasse das Gesagte zusammen: der verstärkte Reichsrath, welcher die Elemente des organisirten Staates im Kleinen in sich begreift, bedarf, damit es dem wohlwollenden Monarchen an den nöthigen Kräften zur Lösung der staatlichen Aufgabe nicht fehle, der Entwicklung zum vollen Reichsrath, welcher in sich fasst das Staatsministerium als des Monarchen Arm, den dirigirenden Reichsrath als des Monarchen permanenten die Continuität der Principien der gesammten Politik aufrechthaltenden Berather, endlich Ober- und Unterhaus zur Mitwirkung bei der Gesetzgebung, Steuerbewilligung und Control der executiven Hierarchie.

Wie aber, fragen Sie nun, soll diese Entwicklung vor sich gehen?

Die natürliche Genesis stellt sich am einfachsten in folgender Weise dar:

1. Jene Elemente des verstärkten Reichsrathes, welche den Kern des permanenten Reichsrathes enthalten, nämlich die lebenslänglichen Reichsräthe werden durch den Eintritt aller grossjährigen Prinzen des kaiserlichen Hauses, der Minister, und noch einiger Civil- und Militär-Grosswürdenträger zum vollständigen dirigirenden Reichsrath ergänzt.

2. Von diesem wird jene Reihe kurz gefasster organischer Gesetze, welche nothwendig sind, um den Organismus zum Pulsiren zu bringen, geprüft. Es ist wesentlich, dass in diesen zu prüfenden Entwürfen vorzüglich auf Weglassung alles Theoretischen und blos Logisch-Systematischen Bedacht genommen sei und dass lediglich die wenigen zunächst, um weiter schreiten zu können, praktisch-nothwendigen Sätze aufgenommen seien, das weitere der künftigen Weiterentwicklung überlassend. Das erste organische Gesetz dieser Art muss demnach das Communal- und das zweite das Gesetz über die Kreisverwaltung durch Kreis- oder Comitats-Congregationen sein.

3. Diese zwei vom permanenten Reichsrathe gutgeheissenen Gesetze werden sohin vom verstärkten Reichsrathe, als dem mittlerweiligen Stellvertreter des vollen Reichsrathes, das heisst also unter Zuziehung der 38 Mitglieder aus den Kronländern berathen.

4. Hat es die kaiserliche Sanction erhalten, so wird an die Durchführung der autonomen Communal- und Kreisverwaltung unverzüglich geschritten.

5. Während dieses geschieht, werden vom permanenten Reichsrathe und sohin vom verstärkten Reichsrathe die übrigen unumgänglichen Bestimmungen, namentlich die Wahlordnung für die Wahlmitglieder der Landtage rücksichtlich fürs Unterhaus berathen.

6. Da mittlerweile die Communal- und Kreisverwaltung durchgeführt sein wird, so können sofort auf Grundlage derselben die Wahlen zum Unterhause vorgenommen werden.

7. Der Kaiser krönt das Werk durch Ernennung einer hinlänglichen Anzahl von erblichen Oberhaus-Mitgliedern.

Mit diesen sieben Acten ist der Staat politisch organisirt; der verstärkte Reichsrath, welcher inzwischen für den vollen Reichsrath fungirte, hat sich zum vollen Reichsrath, das ist zu einem vollständigen Ober- und Unterhaus ergänzt und geht nun in ihm auf.

Es ist einer von den wesentlichsten Gesichtspuncten dieses Grundrisses der politischen Organisation des Reiches, dass nichts von dem, was seit dem Laxenburger Manifest im Geiste desselben geschaffen worden ist, beseitigt zu werden braucht; alles was geschehen soll, ist nur Ergänzung, Erweiterung, Vervollständigung.

Ferner ist es nicht eine vom Scheitel bis zur Zehe fertige Verfassungs-Urkunde, was in Anregung gebracht wird; sind doch fast alle derartigen Versuche, selbst in viel einfacher als Oesterreich zusammengesetzten Gemeinwesen, gescheitert. Viel eher hat

Aussicht auf das Gelingen die Methode successiver Hervorbringung dessen, was Noth thut; nur muss der Grundriss des Ganzen durchsichtig sein.

Man bemühe sich daher auch nicht, den Wirkungskreis mit Cirkel, Blei und Winkelwage haarscharf zwischen dem vollen Reichsrath und den Landtagen abzugränzen; man braucht nicht zu sagen, dass alle Gesetze der Berathung unterzogen werden müssen, aber man lege factisch alle irgend erheblichen Gesetze zur Berathung vor, und gestatte dem vollen Reichsrathe auch, wenn er es für gut findet, die Zuweisung an die Landtage zu beantragen, ohne selbst in das Innere oder in mehr als dessen Principien einzugehen. Ist nur erst die Mühle fertig, so schütte man getrost den Weizen auf, das Mehl wird schon zu Tage kommen.

Man braucht nicht zu proclamiren, die Sitzungen seien öffentlich aber man schlage nicht die Thüren zu, wenn der Berichterstatter eines achtenswürdigen Blattes den Versuch macht, Einlass zu finden, oder wenn andere Personen sich melden und Raum für sie vorhanden ist. Die Sitzungen des englischen Parlaments sind noch heutigen Tages nicht für öffentlich erklärt, und sie haben dessen auch nicht nöthig; die Oeffentlichkeit hat sich ohne Gesetz durch stillschweigende Gestattung factisch festgestellt. Gar nicht absonderlich klug wäre es, vorzuschreiben, in welcher Sprache die Verhandlung gepflogen werden soll; jeder spreche die Sprache, die er will. Wer verstanden werden will, wird sich darnach richten; wer es nicht thut, je nun, der will eben nicht verstanden werden. Ebenso wird auch jeder selbst dafür Sorge tragen, dass er verstehe, wenn er verstehen will; man braucht ihm keinen Dolmetsch an die Seite zu stellen. Die ganze Aufgabe besteht darin, dass man einen akustisch geformten Saal öffnet, Tag und Stunde der Versammlung bekannt gebe, und man mag beruhigt sein, sie werden sich verständigen. Möglich, dass der eine oder der andere nicht als Redner auftreten kann; daran liegt nichts; der eine spricht nicht, weil ihm die Rednergabe, der andere, weil ihm die Stimme, der dritte, weil ihm der geläufige und bequeme Gebrauch der Sprache fehlt, der vierte, fünfte u. s. w. aus beliebigen anderen Gründen; die Regierung wird weder den ersten durch einen offiziellen Isokrates zum Redner auszubilden, noch den zweiten ärztlich behandeln zu lassen haben und den dritten braucht sie eben so wenig mit den Hilfsmitteln zu seinem Unterricht zu versorgen.

Die grössten Schwierigkeiten wird die Regierung ohne Zweifel dann schon vermieden haben, wenn sie sich selbst keine bereitet, und dem Grundsatze Raum gibt, der in dem Worte des Dichters liegt:

Sehe Jeder wie er's treibe,
Und wer steht, dass er nicht falle.

VI.

15. Mai.

Es konnte Ihrem Scharfsinn nicht entgehen, dass der volle Reichsrath, in dem Sinne, in welchem ich ihn in meinem letzten Schreiben gezeichnet habe, obgleich mit den wichtigsten Rechten, welche einer parlamentarischen Versammlung gebühren, ausgestattet, mit der Steuerbewilligung, mit der Mitwirkung bei der Gesetzgebung, mit der Control im weitesten Sinne des Wortes — dennoch etwas anderes ist, als alle anderen politischen Körper seinesgleichen. Um es mit einem Wort zu sagen, worin das Unterscheidende besteht, — für eine Parteien-Regierung ist in einer solchen Verfassung kein Platz. Nun wissen wir wohl, dass dort, wo dieses System besteht, es schwer wäre, dasselbe, trotz seiner auch z. B. von englischen Staatsmännern erkannten Uebelstände, zu beseitigen; auch ist es eine Thatsache, dass diese Uebelstände desto geringer sind, eine je stärkere politische Natur durch lange Uebung und Erfahrung einer Nation eigen geworden ist; allein das politische Leben damit zu beginnen — wäre unter allen Umständen ein doppelter Fehltritt, in Oesterreich ein dreifacher. Grund genug, um ihn zu vermeiden. Und das geschieht bei solcher Art und Einrichtung. Der Krieg zwischen der Partei, welche am Ruder sitzt, und der Partei, welche daran zu kommen sucht, um den Besitz der Gewalt, wäre nicht möglich. Es würde nicht ein guter, wenn nicht der beste Theil des Talents und der Energie verbraucht in der immerwährenden Anstrengung der beiden ringenden Kräfte, einander zu überwältigen. Eine gute Sache würde nicht deshalb bekämpft, weil sie vom Gegner vorgebracht wird, indem während ein solches Ankämpfen der guten Sache immerhin schaden kann, der Sieg dem Sieger in keinem Falle den Lohn eines Minister-Portefeuille's bringt. Es würden in der innern und äussern Politik nicht die verderblichen raschen Wechsel der Witterung eintreten, welche zu ertragen nicht jeder Natur gegeben ist. Es könnte nicht vorkommen, dass heute die sämmtlichen irgend brauchbaren Verwandten und Freunde des leitenden Staatsmannes Cajus in die hohen Posten am Hof und im Staat eintreten, um morgen dieselben wieder den Freunden und Verwandten des Sempronius zu räumen.

Und warum nicht? weil nicht die wechselnde parlamentarische Majorität, weil nicht die Partei, sondern der Kaiser mit seinem permanenten Reichrath regieret, welches letzteren Theil die Minister sind.

Mit Recht fragen Sie, wie sich die Dinge bei einer solchen Einrichtung gestalten würden? So lange die Anträge des Ministeriums die Majorität der beiden Häuser für sich haben, gibt es keine Schwierigkeit; nach erlangter Sanction des Kaisers wird zur Ausführung geschritten. Aber was geschieht, wenn das Ministerium in einer wichtigen Frage unterliegt? Da das Ministerium nur der Exponent des permanenten dirigirenden Reichsrathes ist, so ersieht der Monarch aus der Majorität und aus deren Beschaffenheit, dass im Reichsrathe eine Richtung und zwar eine wesentliche, was aus dem Factum der Majorisirung sich ergibt, entweder nicht oder nicht hinlänglich vertreten ist. Es wird ein Act der Weisheit sein, einen oder einige der talentvollsten Vertheidiger der obsiegenden Ansicht in den permanenten Reichsrath zu ziehen, und daselbst unter Umständen nunmehr abermals die Sache der Debatte zu unterwerfen. Das Resultat wird abermals in der Gestalt eines Gesetzentwurfes zu Tage kommen. Nun mag sich allerdings der Fall ereignen, dass der Minister, welcher den früheren Entwurf einbrachte, nicht auch den verschiedenen neuen vorlegen kann; in diesem Falle tritt er von seinem activen Posten zurück und aus der Zahl der Uebrigen wird sich derjenige mit Leichtigkeit finden, welcher als Organ des permanenten, nun modificirten Reichsrathes den fraglichen Verwaltungszweig in die Hand nimmt und das neue Gesetz vorlegt. Rasche und gewaltsame Uebergänge erscheinen auf solche Art unmöglich; und nur durch das Medium des permanenten Reichsrathes dringen die hervorragenden Capacitäten der beiden Häuser, dem Reichsrath selbst immer neues frisches Leben zuführend, an die Spitzen der activen Verwaltung.

Und so muss es sein, in Oesterreich mindestens wäre eine Parteien-Regierung platterdings unmöglich. In Oesterreich muss der Kaiser mit seinem permanenten Reichsrath es sein, welcher regiert. Selbst die Wirksamkeit des vollen Reichsrathes, sowie der Landesvertretungen kann nur eine informirende sein; dem Kaiser gehört die volle und ungetheilte Gewalt; — denn erstens hierin allein können die 35 Millionen Oesterreicher eine wahre, nicht blos problematische Garantie der Einheit finden; zweitens ebenso nothwendig ist dies als Garantie der einzelnen Nationalitäten; denn nur so ist der Kaiser, der allein über allen National-Streitigkeiten steht, und das einzige Interesse hat, alle befriedigt, keine unterdrückt zu wissen, im Stande der Vergewaltigung der kleineren durch die grösseren oder dieser durch die sich associirenden Mehreren vorzubeugen; drittens liegt hierin die Garantie für die einzelnen Kronländer; denn wie könnte das aus einer parlamentarischen Parteien-Schlacht hervorgegangene, vielleicht das charakteristische Gepräge eines bestimmten Kronlandes tragende Ministerium den Anträgen der anderen Landesvertretungen gerecht werden, wenn sie gleich innerhalb der Gränze ihres autonomen Wirkungskreises blieben; viertens liegt hierin die Garantie des unter Umständen nothwendigen Schutzes einer Minorität gegen eine Majorität.

Wenn dies wie ich glaube keines weiteren Beweises bedarf, so wird es doch nicht überflüssig sein der Einwendung zu begegnen, dass, da es sich in letzter Auflösung nur darum handelt, mit dem permanenten Reichsrathe zu regieren, die periodische Einberufung des vollen Reichsrathes wohl zu entbehren sein würde. Mit nichten; denn woran soll der Monarch erkennen, dass sein permanenter Reichsrath in Stagnation gerathe? Er muss diesen Körper der frischen Luft der Kritik des ganzen Reiches aussetzen, und dies geschieht in legaler Weise nur durch Ober- und Unterhaus; ich möchte sagen, dass die Verwerfung eines Gesetzes oder einer Massregel für den Monarchen oft nicht nur wichtiger sondern auch werthvoller ist, als die Annahme und Zustimmung; denn nur jenes Symptom ist es, was ihn richtig zu leiten vermag, bei der Ergänzung und Erneuerung seines Reichsrathes solche Elemente hereinzuziehen, welche darin noch fehlen und dadurch, dass sie fehlen, den permanenten Reichsrath in eine einseitige Richtung gerathen lassen. Nur auf diese Weise ist Fortschritt und Beharren möglich; nur auf diese Art wird die Continuität der Principien bewahrt, ohne dass sie je in geistlosen Schematismus auszuarten vermöchte, wie dies in den Umgebungen der souverainen Häupter sonst manchmal geschieht, ja nach der Natur der Dinge geschehen muss, so dass sie dann plötzlich unsanft aus dem optimistischen Schlummer geweckt werden, wenn die indessen weit vorangeschrittene Welt in ihren zeitweise eintretenden elementarischen Anwandlungen die Nachzügler der Geschichte entweder hinter sich herschleift, oder aus der Bahn hinausschleudert.

Bedarf der Kaiser, wie ich glaube, der ungetheilten und ungeschmälerten Macht in eigenen Händen, so bedarf er anderseits, um diese zum Segen des Ganzen und der Theile üben zu können, auch der legalen, unabhängig redenden, die Wünsche und Meinungen des ganzen Reiches abspiegelnden Stimme des vollen Reichsrathes d. h. des Ober- und Unterhauses als vereinigten Landtages. Dieser Stimme vermöchte nur der Allwissende zu entbehren. Der Sterbliche muss sich bescheiden, nur dann sich gut informirt zu glauben, wenn er, so weit als möglich ausgedehnt, die Repräsentanz der Völker vernommen hat.

Nach den herkömmlichen Ansichten möchte man glauben, dass ungetheilte Gewalt des Monarchen zugleich mit Ober- und Unterhaus nicht bestehen könne, weil es einen Widerspruch in sich enthalte. Dem ist aber nicht so. Die Gewalt des Monarchen wird durch eine solche Verfassung nicht getheilt; vielmehr werden ihr durch sie neue Kräfte zugeführt. Die persönliche Kraft des Monarchen wird durch eine solche Verfassung auch nicht gebunden, sondern erst recht befreit.

Dass durch die Mitwirkung des vollen Reichsrathes an der Gesetzgebung die gesetzgebende Gewalt nicht getheilt wird, habe ich bereits in meinem letzten Briefe nachgewiesen; auch habe ich gezeigt, welche sonst ins Wesenlose sich zersplitternden freien Kräfte zum Dienste des Monarchen auf solche Art gewonnen werden. Was aber ebensoviel werth ist, der Monarch wird dadurch von höchst schädlichen Banden befreit, von Fesseln zweierlei Art.

Es hat zu allen Zeiten und allerorts Menschen gegeben, welche hinter dem Rücken des öffentlichen Gewissens das Ohr eines Monarchen und sein Herz durch einseitige, ja wohl auch lügnerische, von der Leidenschaft eingegebene Darstellungen zu persönlichem Nutzen oder für Standesinteressen oder für was immer zu missbrauchen suchen. Sie wissen wohl, dass, wo ein solcher Körper wie ein vereinigter Landtag oder voller Reichsrath besteht, dieses Treiben unschädlich gemacht wird. Darum stemmen sie sich am meisten gegen verfassungsmässige Zustände. Aber sie sind für die Monarchen der Neuzeit die gefährlichsten Feinde; denn sie sind es unter der Maske der Ergebenheit; ohne es zu ahnen, wird derjenige, dem sie zu dienen sich den Schein geben, zuerst zum Werkzeug ihrer Absichten und dann nothwendiger Weise auch zum Schild; und darunter leidet das monarchische Princip, die dynastische Gesinnung; das kostbarste, der feste Angelpunct des Staatslebens wird auf solche Weise abgenützt. Von solchen schlau gelegten Garnen befreit die Theilnahme eines vollen Reichsrathes an der Gesetzgebung. Eine andere Befreiung ist die von den Fesseln jener Diener, welche, anstatt ihren Herrn zu decken, sich selbst durch seine Zustimmung zu decken suchen. Es gibt eine eigene Kunst des Stils. Nicht nur die Ziffern sind's, welche sich gruppiren lassen. Auch in der Entwicklung der Motive vermag eine gewandte Feder viel dadurch, dass sie das eine nach vorne rückt, das andere in den Hintergrund stellt, auf das eine den vollen Glanz des Lichtes fallen lässt, das andere in einen von dichten Schlagschatten bedeckten Winkel verlegt; ein logisches Mittelglied mit leichtem Satz zu überspringen, ist ja nur eine rednerische Figur. Einen schweren Stand würde Derjenige haben, welcher unternähme, nachzuweisen, dass etwas verschwiegen worden, und dennoch geschah es vielleicht durch die Gruppirung. Die Genehmigung erfolgt und — der Diener ist gedeckt. Ganz anders, wenn ein solches stilistisches Kunstwerk vor einer grossen Versammlung berechtigter Kritiker ausgebreitet wird. Es geht da wie mit dem Werke des Dichters: was die Lese-Probe bestanden hat, ohne dass die Mängel wahrgenommen worden wären — lasst es nur vor ein ganzes Publikum bringen und das Erkennen der verborgensten Schwächen ist augenblicklich, von irgend einer Seite erfasst, mit Blitzesschnelle Gemeingut Aller.

Auch das ist Befreiung. Man sage daher nicht, dass die Gewalt des Monarchen durch eine verfassungsmässige Organisation und namentlich durch die Mitwirkung bei der Gesetzgebung getheilt und gebunden werde; wir antworten, das gerade Gegentheil ist die Wahrheit; **seine eigenste persönliche Kraft wird dadurch erst recht befreit und gestählt.**

Dasselbe gilt von der Controle; und nur von der Steuerbewilligung könnte man mit Wahrheit sagen, dass die Gewalt factisch eine

Theilung erfahre; und dennoch stellt auch sie sich als Befreiung, und zwar als die von der peinigendsten aller Sorgen dar, von der bezüglich der Herbeischaffung der finanziellen Mittel, welche Sorge, wie billig, auf die Schultern der Vertretung hinüber gewälzt wird. Dagegen wird dem Monarchen durch diese Theilung der Gewalt zur Aufrechthaltung der Würde, der Macht und des Ansehens die Finanzkraft des ganzen Reiches zugeführt, die dem Finanzminister sonst wohl zu einem wesentlichen Theile verschlossen bleibt.

VII.

29. Mai.

Den Einwurf, welchen Eure ... mir in Ihrem letzten Schreiben entgegen halten, habe ich, gern will ich es gestehen, am wenigsten erwartet. Sie sagen, für die **ungetheilte kaiserliche Macht** ist in einer solchen politischen Organisation, wie die von mir entwickelte ist, vollkommen gesorgt, für die **Central-Vertretung** des Reiches ist ein Organ gefunden, worin alle Elemente Raum haben, denen irgend eine Kraft innewohnt, und welche, „weil sie wirken können, in einen Organismus des Wirkens gestellt werden müssen, damit sie nicht unorganisch wirken"; — aber was bleibt für die in neuerer Zeit so laut betonte **Autonomie der Kronländer** und ihrer Vertretungen?

Meine Antwort hierauf ist kurz und bündig folgende:

Es bleibt für sie die autonome **Verwaltung** in Gemeinde-, Kreis- und Landesangelegenheiten.

Es bleibt ferner innerhalb des Landtages die Competenz ihr Votum abzugeben
> in Sachen der Landesgesetzgebung und
> in Sachen der Landesbesteuerung.

Es bleibt endlich das Recht der Controle in Landesverwaltungs-Angelegenheiten bezüglich der von der Centralgewalt abhängigen Organe.

Freilich entsteht da die Frage, wo ist die scharfe Gränze zwischen den Reichs- und Landesgesetzgebungssachen? Allein wenn wir gleich hierauf keine andere Auskunft zu geben wissen, als dass gerade dort, wo das Gebiet der einen Kategorie an das der andern stösst und daher ein Zweifel möglich ist, darunter nur dasjenige verstanden werden könne und dürfe, was von Fall zu Fall vom Kaiser nach Anhörung des vollen Reichsrathes als solche erklärt wird, so besorgen wir dennoch nicht im geringsten, dass dadurch das Gebiet der Landesgesetzgebung eine grössere Einschränkung erleiden wird, als der Gesammtzweck erfordert.

Bietet nun schon die autonome Landesverwaltung einen ungeheuren Wirkungskreis, erweitert sich dieser durch die damit in vielfältigem Zusammenhange stehende Landesbesteuerung in einem höchst wesentlichen Puncte, so gestaltet er sich schlüsslich durch die so verstandene Theilnahme an der Landesgesetzgebung so bedeutsam und umfassend, dass etwas dem ähnliches in ganz Europa nicht zu finden ist; die Kronländer und, insofern sie bestimmte National-Typen tragen, die in Oesterreich verbundenen Nationen geniessen dann einer Selbständigkeit, welche ihnen in keinem anderen Gemeinwesen gewährt wird, ja in keinem andern gewährt werden kann, weil eine solche Organisation in keiner anderen staatlichen Verbindung möglich ist, weil eben jede einzelne von ihnen, was immer für einer wahlverwandtschaftlichen Einigung sie zustreben mag, nur einem grösseren Körper begegnet, der sich nicht um eines hinzutretenden Fragmentes willen einer solchen Organisation unterziehen wird, welche nur in Oesterreich gedeihen kann, weil Oesterreich allein der Staat ist, der seiner Zusammensetzung nach derselben bedarf. Diese in Europa einzig dastehende Selbständigkeit der Kronländer ist ausschliesslich durch dasjenige beschränkt, was ihrer Gesammtheit anheimgestellt werden muss, damit sie als ein Pfeilbündel nach aussen stark genug sind, um sich als Ganzes und im Ganzen eben ihre Landesautonomie zu schützen, was aber anderseits, während es der Gesammtheit anheimgestellt wird, dennoch wieder der Ingerenz ihrer Landesvertreter unterzogen wird, weil sie es sind, welche auch die Gesammtheit repräsentiren, nur mit dem Unterschiede, dass sie zu diesem Zweck an den Stufen des Thrones sich vereinigen, während sie die Landesangelegenheiten zu Hause behandeln. Wer in die Landesautonomie mehr einbezogen wissen will, der verlangt die Lockerung des Pfeilbündels und bereitet den Einzelnen das Loos, das ihnen die alte Parabel angedeihen lässt. Wer verlangt, dass der Begriff der Landesgesetzgebungssachen erschöpfend a priori bestimmt werden soll, der verlangt etwas unmögliches. Er frage nur in der Geschichte nach, wie mangelhaft ähnliche Versuche ausgefallen sind: er überzeuge sich, dass gerade die praktischsten Völker sich solcher theoretisch- allgemein gefassten Lösungen enthalten und sich begnügt haben von Fall zu Fall das Nothwendige zu finden und zu beschliessen; und wenn er zu stolz ist, sein Urtheil dem Erfahrungsbeweise zu unterwerfen, so versuche er eine allgemeine Formel zu finden, möge aber auch dann beschämt gestehen, dass er es nicht vermochte.

Wer verlangt, dass die Autonomie auf die Justiz ausgedehnt werde, von dem erklären wir unverholen, dass er unlautere Absichten habe, und nun schon gar, wenn die Richter aus Wahlen hervorgehen sollten: das ist nichts anderes, als das Bestreben, die minder einflussreichen Parteien, namentlich den Bürger und Bauer durch den Arm der missbrauchten Justiz unter die Botmässigkeit einer herrschenden Partei zu bringen, welche ihre Stellung materiell ausbeuten will; — das ist nichts anderes, als das Bestreben, die vor dem Jahre 1848 ausgeübte Oligarchie, nachdem sie durch Aufhebung des Unterthänigkeitsbandes beseitigt ist, auf einem Umwege, durch Erringung einer dem Missbrauch blosgestellten Justizgewalt, mindestens theilweise wieder zu erbeuten. Die Handhabung der Gerechtigkeit muss unter allen Umständen, ohne irgendwelcher Ingerenz der Landesautonomie, der kaiserlichen Autorität und somit kaiserlichen Organen vorbehalten bleiben.

VIII.

7. Juni.

Wohl ist auch mir bekannt, dass die immer wiederkehrende Einwendung gegen einen vollen Reichsrath (in dem Sinne, welchen ich diesem Worte in meinem Schreiben vom 2. Mai auf Grund des offiziellen Namens beigelegt habe) darin besteht, dass, wenn sonst alles recht und gut wäre, dessen Einführung an dem Widerstande der Magyaren scheitern würde; und als unausführbar sei diese Idee für die besonderen Verhältnisse Oesterreichs nutzlos.

Nun darauf will ich antworten; und dabei vergessen wir vor allem nicht, dass Landesvertretungen aber- und abermals verheissen worden sind und dass es sich nicht darum handeln kann, nichts oder etwas zu thun. Etwas muss geschehen und dieses Etwas sind eben vor allem die Landesvertretungen.

Richtig gestellt lautet also die Frage so: ob solche Landesvertretungen, welche als Föderativ-Bestandtheile des vollen Reichsrathes aus demselben wo sie gemeinsam legislative Mitwirkung und Steuerbewilligung ausgeübt haben, herausschreiten, um als Organe des kronländischen Selfgovernment in ihrem Lande und in ihrem Wirkungskreis das Landeswohl zu fördern; oder ob Landesvertretungen ohne Ursprung aus dem allgemeinen Reichsrath, auf sogenanntem historischem Rechtsboden und in der Art, dass jede von ihnen für jedes einzelne Kronland sowohl den politischen als auch den administrativen Schwerpunct in sich haben und somit ebenbürtige, coordinirte legislative Mitwirkung sowie Steuerbewilligung zu ihren Attributen zählen soll; oder endlich ob Landesvertretungen, ohne

Ursprung aus dem allgemeinen Reichsrath, aber auch ohne Zurückleitung auf den historischen Rechtsboden, ohne politische Function, ohne legislative Mitwirkung, lediglich mit einem administrativen Wirkungskreise ausgestattet.

Darüber, dass die zweite Alternative, also gerade diejenige, welche von den Magyaren und zwar mit dem Beisatze begehrt wird, dass die Landesvertretung keine andere als die nach der alten Landesconstitution sein dürfe, zum Zerfall des Reiches führt, sind Alle, viele Magyaren von politischer Einsicht mit inbegriffen, vollkommen einig.

Diejenigen, die sich von blinder nationaler Leidenschaft lenken lassen, calculiren zwar so: für uns die alte Verfassung, für die übrigen Provinzen die Postulaten-Landtage, das muss nothwendiger Weise Croatien, die Woiwodina und Siebenbürgen an uns fesseln, und so verstärkt, werden wir herrschen. Sie bedenken nicht, dass dies leicht phantasirt werden kann; in Wirklichkeit aber würde es im Lande selbst den Racenkampf erneuern, denn die anderen Nationalitäten wissen gar wohl, dass die ungarische Verfassung sie, die Majorität, einer herrschsüchtigen Minorität ausliefert, sie ihr dienstbar macht. Jene bedenken ferner nicht, dass, wenn der factische Untergang der alten Verfassung als gar nicht geschehen angesehen wird, auch Böhmen und die übrigen Provinzen ihre ausser Uebung gekommenen historischen Verfassungen aus den Archiven hervorsuchen werden; ob gerade so oder so viele Jahre deren Ausübung ruhte, entscheidet offenbar nicht. Bei Wiederaufweckung der todten und begrabenen ungarischen Verfassung stehen also auch sammt und sonders die Geister der anderen historischen Landesverfassungen, welche sehr vernehmlich und klärlich von Bewilligung der Steuern und Mannschaften reden, aus den Gräbern auf, und verlangen Wiedereinsetzung in Leben, Kraft und Bestand, wie die ungarische. Und diese Geister der Abgeschiedenen werden nicht nur gegeneinander kämpfen, sondern auch mit den geläuterten Ideen der Gegenwart, mit den Begriffen der gleichen Berechtigung der Individuen, der Nationen und Stämme u. s. w. in Hader, Zank und Krieg gerathen. Mit Einem Wort, das historische Recht auf den Boden der Gegenwart gestellt, muss unvermeidlich heillose Verwirrung schaffen, und der Versuch, dem neunzehnten Jahrhundert aufzubürden, was dem achtzehnten, siebzehnten oder sechzehnten gemäss und eigen war, bewirkt heute gegenseitige Abstossung, und was zur neuen Befestigung des Bestandes der Gesammt-Monarchie dienen sollte, das führt zu deren Zerrüttung und Verfall. Setzen wir aber auch, man könnte es wagen, nachdem man dem Kronlande Ungarn gegeben, was es verlangt, über die analogen Begehren der anderen Kronländer mit unverholener Zurücksetzung zur Tagesordnung überzugehen, so stünden dieser Politik noch drei gewichtige Gründe entgegen: erstens wäre es der Regierung unwürdig, denn das Gewährte erschiene als ihr abgetrotzt, nicht aus der Ueberzeugung innerer Nothwendigkeit hervorgegangen, weil es sonst auf alle ausgedehnt worden sein müsste; zweitens solche Belohnung des, mit arglistiger Benützung des Druckes einer schwierigen auswärtigen Position und eines unglücklich beendigten Feldzuges, in Gang gebrachten Demonstrationskrieges würde nur zu stets erneuertem Demonstriren ermuthigen, und so würden immer weniger die Gründe und immer mehr die rohen Scenen in's Treffen geführt werden; drittens würden selbst die Ungarn nicht befriedigt werden, denn der Anblick der einen absolut regierten Hälfte der Monarchie würde sie stets mit Misstrauen und mit der Besorgniss erfüllen, man könnte eines Tages auch ihr Land wieder jener andern Hälfte gleich machen wollen. Das wäre der nothwendige Verlauf der Dinge, wenn dem Begehren der Magyaren nach dem historischen Rechtsboden nachgegeben werden wollte. Man braucht sich nicht das Ansehen eines Propheten zu geben, um diese Prognose zu stellen.

Ein breites Flussbett trennt die neue Zeit von derjenigen, in welcher alle diese historischen Rechtsböden standen, der ungarische, böhmische, steirische, tirolische u. s. w., und dieses Flussbett ist mit dem Blut der Revolution gefüllt, welches von 1789—1848 in den verschiedenen Ländern Europa's geflossen ist. Selbst der gute Kern wirklichen und unveränderlichen Rechtes, der in diesen Verfassungen liegt, er tritt in der Form von Privilegien auf, ist an Stände oder Institutionen geknüpft, welchen unsere unbestritten herrschenden Anschauungen widerstreben, an Institutionen, die uns nicht weniger wider die Natur gehen, als die Sclaverei der alten oder der transatlantischen neuen Welt. Was so untergegangen ist, an dessen Wiederbelebung ist nicht zu denken, es ist schon gerichtet. Und wir werden daher an den Ausgang dieser Erörterung zurückkehrend zum Schlusse geführt, dass die zweite Alternative, die Landesverfassungen auf den historischen Rechtsboden zu stellen, unmöglich ist.

Es bleibt also nur die Wahl zwischen der ersten und dritten Alternative.

Es wäre thöricht nicht sehen zu wollen, dass die erste mit einer Schwierigkeit zu kämpfen hat und zwar allerdings mit der Schwierigkeit, welche aus dem magyarischen Widerstand entspringen wird. Allein die Regierung, welche es auf sich nimmt, dieser Schwierigkeit muthig ins Auge zu sehen, hat mehr als 30 Millionen Bundesgenossen hinter sich, die Schwierigkeit selbst aber, in einer Zahl ausgedrückt, ist viel, sehr viel kleiner als 5 Millionen.

Wie sieht es mit den Schwierigkeiten aus, welchen sich die Regierung mit der dritten Alternative entgegen stellt? Sie betragen zahlenmässig ausgedrückt 35 Millionen und zu deren Ueberwindung, hat sie im Grossen und Ganzen keinen Bundesgenossen.

Die Wahl ist nicht schwer, falls es sich so verhält. Es kommt nun darauf an, dies zu zeigen.

Betrachten wir den wahrscheinlichen Gang der Dinge bei dem Versuche, die dritte Alternative ins Leben zu rufen.

Sie befriedigt die Magyaren nicht, das bedarf keines Beweises; allein sie befriedigt eben so wenig die anderen Nationen Ungarns und sämmtlicher übrigen Kronländer. Denn sie sehen wohl ein, dass sie in einer solchen Verfassungs-Einrichtung keinen Einfluss auf die Grundsätze der Regierung üben können; und ohne diesen Einfluss sind die Landesvertretungen nichts als Metternich'sche Provinzialstände; sie können sich auf sich selbst zurückziehen, sich immer mehr und mehr in ihren Particular-Egoismus einspinnen, die provinzielle Einseitigkeit hegen und pflegen, die Rücksicht auf die Lage und Anforderungen des Ganzen, das ihnen wie ein Buch mit sieben Siegeln verschlossen ist, immer engherziger und schroffer bei Seite setzen, sie können neidische Vergleiche der Prosperität der einzelnen Kronländer anstellen; allein — sie sind unfähig **vom Standpuncte des Ganzen** aus auf ihre spezielle Heimat fördernd und entwickelnd zu wirken. An der Ehre, der Macht, dem Ansehen des grossen Ganzen haben sie keinen Theil; und sein Unglück wird sie nicht rühren, denn sie haben kein gemeinsames Vaterland, das ihnen lieb wäre; es ist für sie ein Abstractum, wofür ein lebendiger Mensch nicht zu fühlen vermag. Das aber fühlen sie, dass dies eine würdige Rolle für eine Landesvertretung nicht ist, sie sehen sich in die Zeiten zurück versetzt, welche sie überwunden zu haben meinten und haben keinen anderen Trost als den, dass die neuen Metterniche in der Lage sein werden, nicht nur sie, sondern in gleicher Weise auch die Magyaren zu massregeln. Das ist aber nicht nur kein Trost, sondern ein Grund mehr, gegen eine solche Politik anzukämpfen, und zwar anzukämpfen von einundzwanzig Angriffspuncten aus, in concentrischem Ueberwältigungsbestreben. Die Tendenz, den Geist der neuen Zeit zu verläugnen und mundtodt zu machen, darf auf das ehemalige Schlaraffenthum nicht rechnen, am wenigsten bei den

Deutschen Oesterreichs, die sich der Rolle schämen, welche sie das Metternich'sche System dreiunddreissig Jahre hindurch spielen liess. Die Männer, welche an der Spitze der Geschäfte stehen, werden kaum den Muth haben, solchen Schwierigkeiten die Stirne zu bieten, nachdem sie in einer guten Sache, bei Einführung des Protestanten-Gesetzes in Ungarn zurückgewichen sind, obgleich sie hierin die öffentliche Meinung der überwiegenden Mehrzahl in und ausser Oesterreich, in der Hauptsache wenigstens, für sich hatten.

Wir fragen uns nun, was es mit den Schwierigkeiten, welche der ersten Alternative im Weg stehen, für eine Bewandtniss hat?

Landesvertretungen, welche in ihrer Vereinigung auf das System, auf die Steuern, auf die für alle wirksam sein sollenden Gesetze Einfluss nehmen, das heisst, welche in ihrer Vereinigung ein voller Reichsrath mit allen einem solchen zukommenden Befugnissen sind, und in ihren Particular-Versammlungen den Landesbedürfnissen in wohlgeordneter Selbstverwaltung, unter Mitwirkung bei der Landesgesetzgebung, ihre Sorge widmen können — das ist es, was Alle wollen, mit Ausnahme eines Theiles der Magyaren, nicht Aller, denn auch unter ihnen gibt es kluger und einsichtiger Patrioten genug, welche erkennen, dass hierin allein auch Heil für sie zu finden ist.

Es ist nicht eine vage Voraussetzung, sondern Thatsache des politischen Zustandes der Gegenwart, dass vom Mittelpuncte der Monarchie angefangen nach allen Richtungen hin dies das Ziel der Wünsche aller Freunde des Vaterlandes ist; diese Fahne wirkt auf die Angehörigen aller Kronländer wie ein Zauber; ein Gefühl zuckt durch alle Glieder und mit diesem Einen Gefühl kehrt dem Herzen des Ganzen der Pulsschlag, der schon seit geraumer Zeit zum Stillstand gekommen war, wieder zurück; Oesterreich als politischer Körper, nein, als politische Individualität und Person ist wieder ins Leben erwacht. In einem allgemeinen Reichsrath wird von den Nationalitäten keine unterdrückt werden, kann es nicht, denn immer wird die unterdrückenwollende in der Minorität bleiben. Das fühlen alle. Die Deutschen, Slaven und Rumänen Ungarns vor allen Andern werden diese einzig legitime Fahne umgeben, von ihr kaiserlichen Schutz erwartend. Alle übrigen Kronländer, seit einer Reihe von Jahren in einem verderblichen Zustande der Apathie verharrend, erwarten nur diese Rückkehr in das System eines zeitgemässen politischen Fortschrittes, um ihre unbedingte Adhäsion zu dem Gesammtstaate Oesterreich zu bethätigen. Möglich, dass in einigen rein magyarischen Kreisen die bezüglichen Wahlkörper für den Anfang sich enthalten zu wählen; kein Zwang sollte sie dazu bestimmen. Lange wird dieser passive Widerstand in keinem Falle dauern, sobald sie sehen, dass die Reichsrathsgeschäfte auch ohne sie ihren Fortgang nehmen und dass kein anderer Weg in den Landtag führt, als durch den vollen Reichsrath.

So würde der Schritt der Regierung durch die unermesslich überwiegende Zustimmung der Bevölkerung des Reiches, die Majorität des Landes Ungarn inbegriffen, gedeckt sein. Und hinter dieser Zustimmung des Inlandes stände die Zustimmung Deutschlands, welches von Seite Oesterreichs nicht mehr die Gefährdung seiner verfassungsmässigen Zustände zu besorgen hätte; die Zustimmung Europa's, Frankreichs inbegriffen, dessen Bevölkerung Grund hätte, dem Oesterreicher aufrichtigen Neid zu widmen und das beschämende Geständniss abzulegen, dass es von dem vielgeschmähten Oesterreich in zwei Dingen überflügelt worden ist, in einer der wahren Freiheit Raum gebenden politischen Organisation und in einer vernünftig durchgeführten Selbstverwaltung.

Für Oesterreich aber wäre das Problem einheitlicher Gestaltung auf föderativen Grundlagen gelöst.

Was also die Frage der Ausführbarkeit anbelangt, so ist diese Alternative nicht nur diejenige nicht, welcher sich die meisten Schwierigkeiten entgegenstellen, sondern sie ist vielmehr die einzig mögliche, die einzig ausführbare. Sie allein ist diejenige, in welcher die centripetalen und centrifugalen Strebungen sich naturgemäss bedingen und gegenseitig in Schranken halten. Sie allein ist diejenige, in welcher das föderative Princip, ohne dem staatseinheitlichen gefährlich zu werden, und das staatseinheitliche, ohne den föderativen Elementen des österreichischen Staates Gewalt anzuthun, Geltung erlangen kann. Durch sie allein, durch die Zusammenführung der Repräsentanzen aller Kronländer, und folglich aller Nationen des Reiches in Einen politischen Körper kann man das grosse, nothwendig anzustrebende Ziel erreichen, dass sie, von den in der Absonderung stets wachsenden Uebertreibungen zurückkommend, gegenseitig nachgebend, die Kanten und Ecken abschleifend, sich verständigen und zu gemeinsamen Resultaten, zu welchen so viel Stoff vorhanden ist, gelangen. Ist es doch eine zu allen Zeiten und an allen Orten befolgte Uebung, dass man divergirende Ansichten durch das Zusammentreten ihrer Vertheidiger im Austausch der Gründe auf eine allen Theilen gerecht werdende Formel zu bringen sucht. Wer kann es denn bezweifeln, dass die vielen Landtage, wenn sie nicht eine gemeinsame Arena finden, einander stets in unfruchtbarer Weise befehden werden, so wie die unterschiedenen und in abgesonderten Körpern auseinander gehaltenen Stände nie aufhören werden, sich zu befehden.

Ganz anders, wenn man alle diese Kräfte in Eine Reichsvertretung zusammen bringt, und alle Kronländer in dem Einen Oberhaus, alle Kronländer in dem Einen Unterhaus verbindet und diese einzig übrig bleibende Zweiheit zu einem doppelten Bande des Gesammtstaates benützt.

IX.

18. Juni.

Ich kann nicht umhin, einige Worte aus dem Schreiben, welches Eure ... mir zukommen zu lassen so gütig waren, herauszuheben und zum Gegenstande einer lange erwogenen Erwiederung zu machen.

„Setzen wir den Fall, man hätte Plan und Ausführbarkeit einer solchen politischen Schöpfung im Jahre 1851 bedacht und aus dem Gebiete der Idee in die Wirklichkeit hinüber geführt, zu jener Zeit, als man das feste Fundament des Thronbesteigungs-Manifestes verliess und daneben auf dem gelockerten Boden die durcheinander liegenden Trümmer des ehemaligen Systems wieder thunlichst zurecht richtete, — es wäre uns ohne Zweifel der Schlag von 1859 erspart geblieben. Aber was nützt das — n a c h dem Gewitter?"

V o r dem Gewitter! Wer fühlt es nicht, dass die Zeit, welche uns von der letzten Katastrophe trennt, schon länger ist, als die Frist zur nächsten. Man bedenke nur wie klein und eng Europa ist, und wie gross die Leidenschaften darin. Man bedenke, dass die unruhigste, eitelste und herrschsüchtigste, zugleich aber auch concentrirteste Nation im äussersten Westen liegt, wo der Ocean, der ihre Küsten bespült, keine andere Richtung der Expansion zulässt, als gegen Osten; dass über dieses Volk ein Mensch herrscht, dessen persönliche Leidenschaft, die Leidenschaft, seinen Oheim und in ihm seine Familie an Europa zu rächen, mit jenem Instinct seiner Nation genau in einem Puncte zusammenfällt; dass er mit gleichzeitiger Befriedigung dieses Instinctes und seiner corsischen Rache sich aufrecht hält, und dass er in dem Augenblicke, da er innehält, jenem elementarischen Ungestüm der gallischen Expensionsgelüsten Befriedigung zu gewähren, wie ein nutzlos gewordenes Werkzeug weggeworfen werden kann, weil der suffrage universel ihn mit ganz gleichem Rechte stürzt, als er ihn hob, — man bedenke, dass er dies klarer vor Augen sieht, als irgendwer, und frage sich, ob es möglich ist, dass er innehalte, um allenfalls das Erworbene im Frieden zu geniessen.

Von diesem Gesichtspunct aus betrachtet liegt sein Handeln wie ein offenes Buch vor unseren Blicken.

Er hat das Gefühl des Lebens nur, wenn er weiss: Frankreich sieht, dass alle Andern sich vor ihm demüthigen; um als ein Bonaparte leben zu können, braucht er, dass immer etwas gebeugt, etwas zerschnitten, etwas geleimt und etwas zerstört werde. Von den bisher geltenden Rechtsprincipien liegen nur mehr die Trümmer am Wege. Berufst du dich auf legitimes Recht, so antwortet man mit dem suffrage universel; stützest du dich auf wohlerworbenen factischen Besitz, so stellt man dir einen Schmerzens-Schrei entgegen, der überall leicht zu haben ist in dieser von Gebresten aller Art heimgesuchten Zeit. Die natürlichen Gränzen werden einmal verletzt um des Nationalitäts-Principes Willen; das Nationalitäts-Princip wird übersprungen kraft des Princips der natürlichen Gränzen. Blutige Kriege werden geführt, um die eigene Nation zu verhindern über ihre innere Lage und den Ursprung ihrer politischen Degradirung nachzudenken; und ist ein Krieg beendet, so werden in fremden Staaten innere Fragen geweckt, und deren leidenschaftlichste Erörterung wird durch Agenten und Brandschriften geschürt, um einen neuen Krieg, so bald erforderlich mit Hoffnung auf Erfolg vom Zaun brechen zu können.

Zur Gegenwehr gegen solches Treiben berufst du dich auf die Verträge von 1815 als europäische Rechtsgrundlage. Du fragst, was aus ihnen werden soll, wenn es erlaubt ist, sie Stück für Stück zu zerreiben? Mit Hohn antwortet man: „gelbe Blätter! Verträge sind nur ein schriftliches Geständniss des Besiegten, dass seine Widerstandskraft für dermal zu Ende ist; sie binden nicht, sie sind kein Rechtsboden; sie sind ein formeller Abschluss, aber nie eine reale Basis. Das wieder stark gewordene Frankreich achtet die Verträge als nichtig, welche dem Besiegten auferlegt worden sind." Nichtsdestoweniger spricht man mit dir in Sprache und Ton des ehrlichen, offenen Mannes, und du glaubst man werde, wenn auch alte Verträge, die man nicht selbst geschlossen, Ordnungen, die man nicht mitgeschaffen, über den Haufen geworfen werden, doch mindestens das eigene Wort stehen lassen. Ueberwundener Standpunct! Was ich sprach, sagt man dir, war nach der Lage der Dinge wahr; aber die Lage hat sich geändert und die Logik der Thatsachen ist unwiderstehlich — sie kümmert sich um ein Manneswort nicht. Was ist dann noch Ehre? Je nun, Falstaff hat die Antwort auf diese Frage zu geben übernommen: Honour is a mere scutcheon.

Und was steht auf dem nächsten Blatt dieses gefährlichen Buches? Das italienische Staaten-Gebäude stürzt unter fürchterlichem Getöse zusammen; ob aus den Trümmern sich ein neues erheben wird, Niemand weiss es. Vor der Hand ist es zu einem Revolutions-Arsenal gegen Oesterreich umgeschaffen; auf diesem Punct ist die Gährung so weit fortgeschritten, dass es der Hand des Lenkers nur mehr bedarf um einen voreiligen Ausbruch zu hindern; hier ist er mit den Vorbereitungen mehr als fertig. — Montenegro, Serbien, Walachei und Moldau werden von seinen Agenten ungescheut am hellen Tage, unter den Augen der österreichischen Consuln, bearbeitet. Im Norden wird der Hader Deutschlands mit Dänemark wach erhalten, um ihn zur geeigneten Stunde ausnützen zu können. An der Peripherie wird also Zündstoff mehr als genug zusammen getragen um eine Welt in Brand zu stecken.

Die Zerklüftung in Deutschland wird mit der feinsten Perfidie betrieben. Die Agenten arbeiten hier mit gesteigertem Eifer. Es gibt keine Leidenschaft, an die sich nicht der Bonapartismus hängt, um durch sie die Zersetzung zu fördern. Da wird der Norden Deutschlands gegen den Süden aufgestachelt und umgekehrt; die Kleinen werden misstrauisch gestimmt gegen die Grossen, den Grossen werden die Kleinen als Köder vorgehalten; den Unionisten wird etwas vorgespiegelt und die Föderalisten werden gegen diese in Harnisch gejagt. Zwar beginnt es Allen zu tagen, dass sie einzeln und zusammen nicht nur geäfft, sondern auch zum eigenen Ruin missbraucht werden; nichts destoweniger arbeiten die Missionäre des zweiten December mit einer staunenswerthen Unverschämtheit rastlos fort, und gelingt es ihnen auch nicht ganz, die ihnen von ihrem Meister gesteckte Aufgabe zu erfüllen, so erschweren sie doch den Einigungs-Prozess des einzigen grossen Körpers, welcher ihm das Handwerk zu legen im Stande wäre, des deutschen Bundes in weiterer Allianz mit der Schweiz, Belgien, den Niederlanden und England.

Und im Innern der österreichischen Monarchie zerrt dieser Erfinder einer die Welt in Verwirrung stürzenden Politik an verschiedenen Volksstämmen, mit dem Nationalitätsprincip schürend, welchem er selbst in Nizza, in Elsass und Lothringen ins Gesicht schlägt, überall trügerische Hoffnungen erregend und operirend mit dem ersten seiner Verbündeten, mit dem Hass und mit dessen sensenbewaffnetem Genossen, der hinter ihm steht, mit dem Tod.

Die Gefahren sind gross, wer will es läugnen oder davor die Augen verschliessen.

Wir blicken rings umher, wo ein sicherer Halt zu finden wäre.

Russland, sagen die einen, ist der sichere Halt. Allein Russlands Politik geht aus innerer Nothwendigkeit zu allen Zeiten solcher Wege, die sich mit denen Mitteleuropa's und namentlich Oesterreichs kreuzen. Nur wer Kraft genug hat, um sich ihm nöthigenfalls zu widersetzen, kann zeitweilig mit ihm gehen, an ihm Halt finden; wer diese Kraft nicht besitzt, und dennoch seine Allianz sucht, muss sich ihm unterordnen. Das ist aber kein Halt, welcher nur durch Unterwerfung erlangt werden kann; dieser Felsen, wenn er wirklich einer ist, wäre ein solcher, an welchen man sich nicht klammern, sondern an dem nur die Unabhängigkeit scheitern kann.

England, die Schweiz, Belgien und die Niederlande, sagen die andern, sind die natürliche Allianz. Allein sie, die selbst einen Halt suchen, bieten nur dem Starken eine Vermehrung der Kraft; wer ihnen nicht Kraft entgegen bringt, den sehen sie mit Blicken des Misstrauens an, als könnte er ihnen nur noch mehr Gefahr bringen, als sie ohne ihn laufen. Auch dieser Halt, wenn er einer sein soll, lässt sich nur für den Starken gewinnen.

Deutschland endlich, lautet die dritte Meinung, mit Oesterreich vereinigt, ist gross genug, um einer Welt in Waffen Trotz zu bieten. Wohl ist und wird dies stets die natürliche Bundesgenossenschaft durch Identität der Interessen sein. Allein um Deutschlands Vertrauen zu gewinnen, welches durch das seit 1815 befolgte System so tief erschüttert ist, sind zwei Dinge unerlässlich: dass Oesterreich zu innerer Kraft gelange, und auf der Bahn des Fortschrittes rasch nachhole, was es bisher versäumte.

Der einzige sichere Halt liegt also in der eigenen Kraft.

Dazu ist innere Sammlung, Vermittlung der Gegensätze und Weckung des dynamischen Princips erforderlich. Es gibt keinen andern Weg zur Kraft, als die politische Organisation des ganzen Reichs. In Oesterreich hat deshalb eine Reichsverfassung eine noch höhere Bedeutung als in anderen Ländern; — dieselbe die sie in England hatte, bevor die Britten, Normannen, Irländer und Schotten Engländer geworden sind. Die österreichische Verfassung hat die Aufgabe, schöpferisch zu wirken, und wie das Heer ein österreichisches geworden ist, so muss sie Oesterreicher, als politische Nationalität verstanden, schaffen; das Ziel ist dasselbe, die Mittel sind verschieden. Mit der Kraft kehrt das Vertrauen ein, mit dem Vertrauen findet sich die Lösung der Nationalitäten-Frage von selbst, und das Misstrauen des Auslandes wird gebannt; für die Coalition gegen „das legitime Uebergewicht Frankreichs" ist die Bahn gebrochen.

Auf diesem Wege allein liegt eine hoffnungsreiche Zukunft.

Bevor ich dieses Schreiben schliesse, womit ich die von Ihnen verlangten Erörterungen ende, will ich nun noch eine Frage beantworten. „Ob ich glaube, dass dieser Weg werde betreten werden?" Leider scheint die Erkenntniss des Weges, auf welchem man sich aus der schwierigen Lage herausarbeiten kann, noch nicht hinlänglich durchgedrungen, und dies gibt wahrlich keinen Grund zu beflügelten Hoffnungen. Die Vaterlandsliebe drängt, diese Ueberzeugungen allenthalben offen auszusprechen, aber ich habe stets das bange Gefühl: love's labour's lost.